AF240859

DOUAI

ANCIEN ET NOUVEAU.

DOUAI

ANCIEN ET NOUVEAU

OU

HISTORIQUE

DES RUES, DES PLACES DE CETTE VILLE ET DE SES ALENTOURS,

Par H. R. DUTHILLOEUL.

Gardons mémoire,
Et vénérons le souvenir de nos pères.

DOUAI,

CHEZ FOUCART, LIBRAIRE,

RUE DES BLANCS-MOUCHONS, N° 45.

— 1860. —

IMPRIMERIE DE Vᶜ ADAM ,
RUE DES PROCUREURS , 12 , A DOUAI.

HOMMAGE RESPECTUEUX

A LA VILLE DE DOUAI,

PAR UN DE SES PLUS HUMBLES ENFANTS.

A tous les cœurs bien-nés que la patrie est chère.

VOLTAIRE.

Mon beau pays , mon frais berceau.....!

. . . .

Emporte-moi , souffle errant , doux génie ,
Sur mon rempart tant chanté , tant aimé ;
Et que ma cendre un jour soit réunie
A l'humble terre où mon cœur s'est formé !

MARCELINE DESBORDES-VALMORE.

INTRODUCTION.

Nous n'avons pas eu la prétention d'écrire une histoire de la ville de Douai, nous nous sommes seulement proposé d'en donner une description , de rappeler son état ancien et le souvenir des personnes de quelque distinction qui l'ont habitée ; de retracer rapidement quelques faits relatifs à ses mœurs et à ses coutumes. Lorsque nous avons écrit les premiers articles de cet ouvrage , nous ne pensions pas à les réunir un jour , nous ne leur attribuions qu'une existence passagère , comme celle des feuilles éphémères dans lesquelles ils paraissaient. Des amis , trop indulgents sans doute , nous ayant représenté que leur ensemble pourrait offrir à nos vieillards des souvenirs agréables , intéressants ; que ceux qui viendront après nous trouveraient peut-être quelque plaisir à se retracer, en imagination, à l'aide d'un guide, les lieux qu'auraient habités leurs pères; à raviver ainsi des passés presque éteints d'hommes ou de faits honorables qui seraient restés sans cela dans l'oubli, nous nous sommes décidé à publier ce petit livre, — tout en pensant que l'on aime parfois à vivre quelques instants dans un monde qui a précédé le sien, qu'en revoyant ses demeures, on rêve à ses usages, à ses coutumes, à ses vertus et même à ses travers.

Sans toucher à son histoire, nous présenterons dans cette introduction une sorte de topographie de la cité, un sommaire très-bref des principaux événements dont elle a été le théâtre et de ses vicissitudes ; nous dirons quelques mots de ses usages et de ses réglements en matière de police et de voirie.

On a donné au vocable *Douai* diverses étymologies, nous nous en tenons à la plus simple. Il viendrait du latin *Ductus*, conduit, et du celtique *ai* eau, conduit d'eau, à cause du passage de la Scarpe. Il est à remarquer que dans nos anciennes contrées, toutes les localités dont les noms sont terminées en *ai*, étaient voisines de rivières, *Cambrai, Courtrai, Tournai, etc.*

TOPOGRAPHIE.

Douai est situé au 20ᵉ degré 44 minutes 47 secondes de longitude et au 60ᵉ degré 20 minutes 10 secondes de latitude du méridien de Paris. Il est élevé au-dessus du niveau de la mer de 11 mètres plus que Paris. Assis au milieu d'une belle plaine, très fertile, il est presque divisé en deux portions égales par la rivière de la Scarpe qui le traverse du sud au nord ; c'est pourquoi on désignait autrefois ces quartiers par la dénomination de *ville haute* ou de *ville basse*, quoiqu'il n'y ait presque aucune différence dans l'élévation de leurs terrains respectifs.

La ville, comme place de guerre, est entourée de remparts et d'ouvrages avancés. Ces défenses loin de lui donner à l'extérieur un aspect sévère, ainsi que l'ont beaucoup de villes fermées, contribue au contraire à rendre sa vue plus pittoresque, parce que ses remparts sont plantés de beaux arbres, qui élèvent leurs cîmes au-dessus des fabriques et ne laissent apercevoir que le faîte des principaux édifices ou les pointes des clochers.

Douai ne fut d'abord qu'un château ou forteresse, construit sur un tertre d'une demi-lieue de tour, environné de marais; ce château, a-t-on dit sans preuves, existait du temps de Jules-César. Bientôt après, une peuplade vint s'établir autour de ses murs et se mettre sous sa protection. N'ayant pas de terres à cultiver, sa population s'adonna aux arts mécaniques et au commerce. Vers le Xe siècle, on entoura la bourgade d'un large fossé.

Voici quelle était alors son étendue : vers l'ouest la Scarpe la bornait ; au lieu où se trouve le pont des Augustins s'ouvrait un canal coulant à la place Saint-Nicolas, le long de la ruelle des Arbalétriers, traversant la rue de Paris, le Pont-des-Récollets, la rue du Canteleu, le Pont-Saint-Jacques, et aboutissant à la Scarpe au moulin de Notre-Dame-des-Wetz.

En 1175, le comte de Flandre, Philippe d'Alsace, avait accordé à la ville de Douai le droit d'avoir une commune ; en 1228 le comte Ferrand régularisa certaines dispositions relatives à l'élection des magistrats. Ce fut entre ces deux époques que l'administration ayant acquis plus de fixité, voyant la population s'accroître de plus en plus , par la prospérité de son commerce et de son industrie , jugea convenable d'agrandir la ville et que les limites actuelles lui furent données. On ajouta donc à son ancien périmètre , d'abord la *culture* de Saint-Albin , c'est-à-dire tout ce qui est enclos entre les remparts et la rue du Bloc , la place de la Prairie , le Pont-de-Tournai et la Scarpe jusqu'à l'entrée des eaux. A peu de temps de là , du territoire du marais on forma la paroisse de Saint-Jacques en 1225 , de Saint-Nicolas en 1228 et celle Notre-Dame en 1257. Déjà de riches ateliers de draperie étaient établis sur ces terrains , hors murs. Son enceinte n'a point varié depuis ce temps.

Grande et élégante ville , Douai est sérieuse, polie , comme une cité parlementaire et lettrée. On l'a jadis peut-être flattée, en la surnommant l'*Athènes du Nord*, mais son constant amour pour les sciences , les arts et les lettres remonte à plusieurs siècles et ne s'est jamais refroidi.

Ses rues sont larges , bien alignées , ses places sont vastes et régulières , bien pavées et entretenues dans un parfait état de propreté. Depuis quelques années les rues principales sont garnies de trottoirs qui facilitent la circulation aux gens de pied. Ses maisons sont spacieuses et généralement construites avec goût.

Le plus précieux de ses monuments est son Hôtel-de-Ville, avec sa belle façade et son coquet beffroi, que des travaux considérables, exécutés depuis quelques années, ont rendu si digne de l'attention des voyageurs.

Signalons après, la belle église de Saint-Pierre d'un style peut-être trop moderne,—celle Notre-Dame qui remonte au XIIIe siècle,—le Palais-de-Justice où siègent la Cour impériale et le Tribunal de première instance ;

Les bâtiments appartenants au département de la guerre : —le magnifique arsenal de construction , un des plus vastes de France ; — la belle fonderie de canons de bronze ; — les grandes casernes de Saint-Sulpice , de Marchiennes , d'Equerchin ;

Ceux qui se rattachent aux sciences , aux arts , aux lettres et à l'instruction publique :—le lycée impérial si remarquable par son étendue , l'élégance de ses bâtiments, sa belle situation;—l'hôtel académique ou palais de l'Université, récemment reconstruit;—le musée, un des plus considérables de la France ; —sa riche bibliothèque qui , renferme plus de 37,000 volumes et de 1100 manuscrits ; on complète , en ce moment , par

d'élégantes constructions ces beaux établissements; —
le vaste Jardin-des-Plantes, où siége la Société centrale
et impériale d'agriculture , sciences et arts du département du Nord, riche en collections précieuses de
plantes exotiques et indigènes renfermées dans des
serres de grande capacité.

Ensuite son attrayante promenade Saint-Jacques ,
si agréablement distribuée, si proprement entretenue et
dans une situation si heureuse sous le rapport hygiénique.

Et puis cette immense gare du chemin de fer ,
occupant un vaste terrain, enfermé dans les murs de la
place (1) , qu'ornent et entourent de grandes et belles
constructions.

Enfin ses établissements de charité : son Hôpital-
Général, son Hôtel-Dieu , remarquables par leur élégance, leur excellente distribution et leur parfaite
salubrité.

On ne peut citer Douai, de nos jours ainsi qu'au
moyen-âge, comme important sous le rapport commercial et industriel : on y vit plus que dans les villes
qui l'avoisinent, par l'intelligence. Un écrivain dis-

______

(1) C'est à M. Martin (du Nord) que nous devons le passage
dans l'intérieur de la ville , de la voie ferrée.

tingué , M. Eugène Guinot, disait de lui , dans un ouvrage récent : « On se livre à Douai aux études
» paisibles , on cultive les sciences, les arts et les let-
» tres ; on est artiste , écrivain , académicien , juris-
» consulte, peu calculateur, peu livré aux spéculations
» financières. Du reste , nous ne nous en plaignons
» point ; il ne faut pas que toutes nos villes obéissent
» à la même impulsion , suivent la même carrière et
» se dirigent vers le même but...... Que Douai soit
» donc une ville d'intelligence, la patrie de l'esprit
» dans l'ancienne province de Flandre , et elle sera ce
» que son génie veut qu'elle soit. »

Cependant l'esprit commercial et industriel n'y est pas entièrement étranger, on trouve à Douai des usines et des fabriques considérables de dentelles , de tulles , d'huiles , de constructions de machines , etc.

Douai dans sa plus grande longueur de la porte de Paris à celle de Lille compte 1700 mètres , et dans sa plus grande largeur de la porte d'Ocre à la porte d'en-trée du chemin de fer, 1230 mètres.

Les Douaisiens ont toujours eu l'amour le plus vif pour la terre natale. Vous ne les entendrez , en aucun temps, prononcer cette maxime : *Ubi bene ibi patria ;* ce serait pour eux un blasphême. Ils veulent mêler leurs cendres à celles de leurs pères, goûter le sommeil éternel aux champs où dorment leurs aïeux.

Parlez à l'enfant de Douai de quitter pour toujours sa ville bien-aimée, il vous répondra, avec son compatriote, le poète Hippolyte Bis :

> Irons-nous réveiller nos pères ;
> Leur dire : Levez-vous !
> L'or nous appèle aux rives étrangères.
> Ossemerts, suivez-nous !

SOMMAIRE DES ÉVÉNEMENTS

Historiques et politiques principaux, cités par les écrivains et les chroniqueurs, relatifs à Douai.

Tour bâtie par les Nerviens.—Ancien château sur l'emplacement de la Fonderie.

—Elle existait déjà du temps de Jules-César.

—Ce château a été ravagé par les Vendales.

—Plus tard brûlé par eux.

—Relevé par les Francs qui en expulsèrent les Vendales.

600.—Détruit de nouveau par les Normands.

615.—Réédifié par Adalbalde et Erquenvalde , ducs de Douai.

930.—Assiégé et pris par les Lorrains , soldés par le comte d'Angers.

941.—Douai appartient à Roger, comte de Flandre.

La même année , il est rendu par Louis-d'outre-Mer à Arnould, 3ᵉ comte de Flandre.

965.—Lothaire, roi de France, s'en empare.

1076. Les comtes de Hainaut , maîtres de l'Ostrevent , sont souverains de la partie de Douai , rive gauche.

1103. L'empereur Henri IV assiége Douai, que le comte Robert de Flandre défend vaillamment et dont il conserve la possession.

1175. Philippe d'Alsace octroie une charte communale à la ville de Douai.

1213. Douai se rend à Philippe-Auguste, sous la condition de conserver ses priviléges.

1296. Philippe-le-Bel confirme les us , coutumes , priviléges de la ville de Douai.

1297. Il s'empare de cette ville.

1304. Bataille de Mons-en-Pévèle , dans laquelle les Douaisiens se distinguent par leur grande valeur.

1312. Philippe-le-Bel crée à Douai le tribunal dit de la Gouvernance.

1340. Philippe de Valois confirme les priviléges, libertés et franchises des habitants de Douai.

1346. Philippe VI établit à Douai la foire de St-Remy.

1369. La ville de Douai fait retour au comté de Flandre et passe ainsi successivement sous la domination de l'Espagne et de l'Autriche.

1464. (3 mai). Philippe-le-Bon , comte de Flandre , approuve l'achat du fief et seigneurie de la châtellenie de Douai que les échevins en avaient fait de Philippe d'Inchy.

1526. (14 janvier). Traité de Madrid , dans lequel François Ier renonce à ses prétentions sur la Flandre et la ville de Douai.

1529. (3 août). Traité de Cambrai , ou des Dames , par lequel François Ier renonce à sa souveraineté sur Douai et sur la Flandre.

1595. (1er novembre). Philippe II , roi d'Espagne permet à la ville d'Arras de rendre la Scarpe navigable , depuis cette ville jusqu'à Douai , à l'effet de joindre cette rivière au courant de l'Escarpel (depuis canal de la Deûle). Permission confirmée par les souverains des Pays-Bas en 1607, 1615 et 1695.

1667. (1er juillet). Louis XIV investit la place de Douai. Le 7 du même mois, elle lui est remise.

1668. (1er juin). Traité d'Aix-la-Chapelle qui assure à la France la ville de Douai.

1713. (11 avril). Traité d'Utrecht qui assure de nouveau à la France la ville de Douai.

Depuis Douai a toujours appartenu à la France.

**

INDICATION DES RUES

PAR ENSEIGNES, ÉCRITEAUX ET NUMÉROTAGE DES MAISONS.

A la fin du **XVII**e siècle les maisons n'étaient pas encore numérotées, on les désignait dans les actes publics, par les enseignes, pour celles des marchands et commerçants, pour celles des autres *manants* ou *habitants* par les *attenances*. Disons un mot des enseignes à cette époque.

Un simple rameau vert ou sec était la modeste indication des tavernes et cabarets, des *bouchons*, selon l'expression d'alors. On se rappèle la chanson :

> Amis, il nous faut faire pause,
> J'aperçois l'ombre d'un bouchon,
> Buvons à l'aimable Fanchon....

Les débitants de petite bière, de *hacquebart*, étaient obligés de placer au-dessus de leurs portes un marteau de bois.

Les enseignes pendaient à de longues potences en fer ou en bois et lorsque le vent soufflait, avec quelque intensité, les potences et les enseignes se balançaient, s'entrechoquaient même fort souvent, ce qui produisait une harmonie très-monotone, et ce balancement n'était

pas sans danger pour les passants , qui avaient à re-
douter la chûte de ces lourdes machines.

Les bouchers garnissaient le devant de leurs étaux
de banderolles de diverses couleurs , selon les viandes
qu'ils vendaient. Le *bœuf* était annoncé par la bande-
rolle verte ; la *vache* par la blanche ; le *taureau* par la
rouge ; le *mouton* par la bleue ; et le *veau* par la jaune.

A cette époque, les membres de l'échevinage avaient,
apposées à la porte de leur demeure , des plaques portant les armes de la ville , avec ces mots en légende :
Six sceaux de feu de méchef. Cette indication faisait
connaître que là se trouvaient des seaux en cas d'incendie. Ces plaques ont été supprimés en novembre
1791.

Une ordonnance des échevins du 26 mars 1766 ,
ordonna que les noms des rues fussent écrits aux extrémités de chacune d'elles et que des numéros fussent
donnés à chaque maison , à la réserve de celles des
membres du Parlement , ces magistrats se prétendant
exempts du logement des gens de guerre. Les maisons
furent en conséquence numérotées , d'après la division
des six paroisses. La lettre A fut affectée à Saint-Pierre,
celle B à Saint-Jacques , celle C à Notre-Dame , celle
D à Saint-Nicolas , celle E à Saint-Albin et celle F à
Saint-Amé. Les peintres s'étaient amusés à distinguer
les maisons de débauche par une grande virgule, placée
au lieu du point , après le numéro. On s'aperçut de
cette étrange plaisanterie et les virgules disparurent.

En 1792 , les rues principales reçurent des noms
révolutionnaires.

Par suite d'un décret de la Convention , le 5 avril

1793 , *le maire et les officiers municipaux* prirent
l'arrêté suivant :

    « Dans les trois jours de la promulgation du pré-
» sent, tous les propriétaires , principaux locataires ,
» concierges , agens , fermiers, régisseurs, portiers ,
» logeurs des hôtelleries, des maisons et de toutes
» habitations seront tenus d'afficher à l'extérieur des
» maisons etc. , dans un endroit apparent et en carac-
» tères bien lisibles , les noms , prénoms , surnoms ,
» âges et professions de tous les individus résidents
» actuellement ou habituellement dans lesdites maisons,
» fermes et habitations.

    » Les affiches seront renouvellées toutes les fois
» qu'il y aura mutation d'individus , ou détérioration
» des affiches.

    » En cas de négligence ou d'infidélité dans l'exécu-
» tion du présent , les délinquants seront punis d'un
» emprisonnement qui ne pourra être moindre *d'un*
» *mois* , ni excéder *six mois* , et seront condamnés
» en outre à une amende égale au double du montant
» de leur contribution. »

Mesure quelque peu draconiene.

Par un décret du 26 floréal an III (15 mars 1795),
les rues de Douai reprirent leurs anciens noms.

Le maire , par un arrêté du 20 octobre 1814, pres-
crivit de placer de nouveaux écriteaux aux extrémités
des rues. Une commission fut chargée du classement
et des dénominations de ces rues ; une somme de
1200 francs fût portée au budget à cet effet. La commission se mit immédiatement à l'œuvre , mais les
Cent-Jours vinrent et le travail fut suspendu ; on dut

même briser quelques écriteaux un peu trop *royalistes* déjà posés. On reprit l'œuvre en octobre 1815.

Ce numérotage a reçu depuis de nombreux changements.

La première ordonnance des échevins pour la régurité de l'alignement, la construction des maisons et pour l'embellissement de la ville date du 28 avril 1718.

POLICE.

D'après l'ordonnance politique du 10 décembre 1712, il était fait défense, de louer maisons aux étrangers qui ne professaient pas la religion catholique, apostolique et romaine, sans la permission du magistrat, sous peine de six florins d'amende.

Par la même, de danser sur les rues après la cloche de la retraite sonnée.

De nourrir porcs dans sa maison.

De mendier sans la marque de pauvreté de la ville, même dans les églises.

D'aller chercher des drogues et médicaments *chez les communautés ou maisons religieuses*, au préjudice du *corps de métier des apothicaires*.

ÉCLAIRAGE.

En 1711 les vols étaient fréquents et nombreux à Douai ; les habitants ne sortaient le soir qu'armés de lanternes de corne. Les échevins ordonnèrent aux bourgeois de faire la patrouille tour à tour dans chacune de leurs rues respectives, de neuf heures du soir à quatre heures du matin. Vers 1726, il fut prescrit aux hôteliers et cabaretiers d'allumer le soir du 1er octobre au 1er avril, des lanternes au front de leurs demeures

A une époque plus rapprochée, une semblable mesure à peu près fut prise, le 19 février 1795. Les vols de nuit étaient si répétés, que l'administration municipale dut prendre un arrêté qui obligeait les habitants de chaque rue à fournir toutes les nuits, deux hommes pour veiller sur la voie publique.

(XXIII)

La ville ne fut éclairée qu'à compter du 5 février
1769 (1), au moyen de lanternes, dites *réverbères*.
Cet éclairage fut suspendu à la suppression du Parlement en 1771, et ne fut rétabli que lorsque la Cour
eût reprit ses siéges. En 1788, le roi créa un droit sur
la marée fraîche qui se vendait à Douai, pour pourvoir
aux moyens d'éclairage.

Ce petit ouvrage a peut-être quelque droit à l'indulgence des lecteurs, à cause des nombreuses et fasti-
dieuses recherches qu'il a nécessitées. Nous avons
compulsé, pour le rendre aussi complet que possible,
tous les manuscrits et documents que nous avons pu
rencontrer, sur les matières qui en forment le fond,
mis à profit surtout les notes du savant M. Guilmot
ainsi que les divers écrits du patient et infatigable
M. Plouvain. Nous payons, de cœur, un tribut de vive
gratitude à la mémoire de ces deux hommes vénéra-
bles.

Nous réclamons aussi cette indulgence pour les
omissions de faits importants qui rentraient dans notre
cadre, s'il en existe, et pour les erreurs que nous au-
rons pu commettre.

(1) Au reste la ville de Paris ne l'avait été qu'en 1755, sous la
magistrature de la Reynie.

DOUAI ANCIEN ET NOUVEAU.

ARRAS (RUE D').

Nommée aussi *des Capucins,* après la fondation du couvent.

Dans les temps anciens la rue de ce nom, avait peu d'étendue, les murs de défense de la ville et son fossé extérieur se trouvant un peu au-dessous du Jardin-des-Plantes. Lorsque l'on construisit la porte actuelle vers 1311, sous Philippe-le-Bel, la partie sise entre ces deux entrées prit le nom de rue *entre les deux portes.* L'abreuvoir qui se trouve à droite, derrière le corps-de-garde à l'ouverture de la rue était appelé *La Léauette de Bourgogne.*

C'est par cette porte que, le 23 juillet 1667, le roi Louis XIV et la reine Marie-Thérèse d'Autriche, sa femme, firent leur entrée, avec beaucoup d'apparat ; ainsi qu'à leurs passages les 14 mai 1670 et 20 avril 1676.

Le 31 août 1804, Napoléon Ier vint dans la ville par cette porte ; le prince Eugène Beauharnais, oncle de Napoléon III, voyageant à franc-étrier, le précédait.

En arrivant dans cette rue par la porte d'Arras côté de l'est, la jolie demeure n° 55, a été construite, il y a quelque 25 ans et habitée par M. Mellez, capitaine d'infanterie, décoré de la Légion d'Honneur, qui s'était distingué sous l'Empire, par sa bravoure.

Ensuite se trouve la ruelle de a Blanchisserie, conduisant à l'abreuvoir, autrefois nommée ruelle *du Baille* ou *des Prairies du Collége du Roi*

Le n° 49, demeure de M. Delaby, ancien capitaine d'artillerie, décoré, ancien colonel de la garde nationale, a été l'habitation des comtes d'Oisy qui l'avaient fait construire en 1503. Elle a été celle du fameux Lesage Senault, membre de la Convention, exilé en 1815 ; elle a été habitée, après 1830, par l'honorable M. Farez, qui fut membre du Corps législatif, et procureur-général à la Cour de Douai.

Celle qu'occupe M. Preux, ancien procureur-général, premier président honoraire à la Cour de Douai, officier de la Légion-d'Honneur, a été occupée par M. Deusy, avocat distingué du barreau de Douai et précédemment par M. Le Barbier, conseiller à la Gouvernance. Elle est bâtie sur l'emplacement de l'ancien hôpital Fressaing ou de Saint-Anne.

La porte cochère qui se voit après , est une sortie du grand établissement *dit* la Fonderie impériale , c'était l'entrée du Collége du Roi , fondé sur une partie du terrain du château de Douai ; ce terrain avait été donné à l'Université par la duchesse Marguerite , pour y établir un collége , où l'on enseignait la philosophie. Les professeurs étaient au nombre de quatre , présidés par un supérieur , qui avait le titre de régent Ce collége, en 1793, a été réuni à la Fonderie.

La rue qui s'ouvre plus haut , nommée rue de la Fonderie , s'appelait jadis rue du Collége du Roi.

Le n° 17 a été habité par M. le conseiller Du faulx , et ensuite par l'honorab!e M. Danel , président à la Cour impériale.

M. Thellier , d'abord juge-de-paix , mort conseiller à la Cour d'appel , demeurait au n° 3.

Cette rue est bornée de ce côté par la rue des Moudreurs , autrefois rue des *Mouliniaux* et des *Molins*.

En prenant le côté ouest , à la hauteur de celle de la Fonderie , se trouve l'entrée de notre beau et vaste Jardin-des-Plantes , affecté au service de la Société impériale et centrale d'agriculture , sciences et arts du département du Nord. Cette Société a été instituée à Douai le 27 avril 1799 , comme départementale. Elle ouvre chaque année des concours , et fait imprimer annuellement un volume de mémoires qui présentent le résultat de ses travaux. Ses serres , parfaitement entretenues , offrent de précieuses collections de plantes rares ; sa bibliothèque est riche et bien composée.

C'est aux connaissances , au zèle soutenu de personnes dont nous rappellerons ici les noms, que notre beau Jardin-des-Plantes , une des plus agréables promenades de Douai , a dû sa création et sa prospérité : MM. Foulon, docteur en médecine , Lagarde, greffier en chef de la Cour, et Potiez , commissaire de police ; ce dernier en était le conservateur.

Cet établissement doit beaucoup aussi aux soins intelligents et au zèle du conservateur actuel M. Brassart.

L'emplacement du Jardin-des-Plantes est celui du couvent des Capucins. Cet ordre s'était établi à Douai en 1591 , dans la maison des *Bons Enfants de l'appartenance et juridiction de Saint-Amé , devant la ruelle du Collége du Roi.* Le couvent fut supprimé en 1793 ; mais l'église et les cloîtres ne furent démolis qu'en avril 1812 (1). C'est dans cette maison qu'avait fait profession , le 20 avril 1775 , Jean-Baptiste-Joseph Brelle , né à Douai , en 1754. Ce Franciscain

____

(1) Les Capucins étaient de l'ordre de saint François , ou *Franciscains* ; on les avait nommés *Capucins* par ce qu'ils portaient un capuce long et pointu.

se trouvait à Saint-Domingue, en qualité de missionnaire en 1792. Ayant échappé au massacre des blancs,
il devint *Archevêque d'Haïti*, et sacra Christophe et
le noir Dessalines, *Empereurs*.... Brelle mourut à
Saint-Domingue en juillet 1819.

On lisait, dans l'église des Capucins, sous forme
d'épitaphe, cette singulière inscription, que Swerts
nous a conservée :

> Nuds sur terre sommes venus,
> Sans apporter or ny vesture,
> Retourner en terre tous nuds,
> Nous faut pour être aux vers pastures,
> Grand et petit, varlet et maistre,
> Riche, pauvre, noble, vilain,
> Mourir convient sans plus renaistre,
> Et rendre compte tout à plain.

La demeure de M. le comte d'Esclaibes, avocat, a
été pendant plusieurs années, celle d'un autre avocat,
qui a laissé un nom au barreau de Douai, M. Roty,
lieutenant-colonel de la garde nationale en 1830.

La salle d'asile est bâtie sur l'ancienne entrée du
Jardin-des-Plantes.

Là se trouvait une ruelle que l'on a nommée l'*Allée
des Capucins*, lors de l'établissement du monastère.

Le bel et vaste hôtel qu'a fait construire, il y a
quelques années, M. Legentil-Lorain, se trouve sur
l'emplacement de l'hôpital des Filles de la Charité ou
de la Sainte-Famille, fondé en 1660, par Jeanne
Biscot.

Celui de M. Dubrulle , conseiller honoraire à la Cour , était en 1755 , la demeure de M. Savary , avocat distingué en la Cour de Parlement , membre du Conseil de l'ordre et bailli de Saint-Amé.

Disons , en passant , qu'à cette époque le nombre des avocats , inscrits au tableau du Parlement en résidence à Douai , était de *quatre-vingt-quatorze ,* effet naturel de l'établissement dans cette ville d'une Faculté de Droit.

C'était par rapport à la population un avocat sur deux cents habitants , un sur cent du sexe masculin , un sur cinquante individus ayant atteint leur majorité.

ARBALÉTRIERS (RUELLE DES).

Cette ruelle court de la place Saint-Nicolas à la rue de Paris ; c'était anciennement la limite de la ville de ce côté , elle est sur l'emplacement des vieilles fortifications. Elle s'étendait de la porte Saint-Nicolas à celle au Cerf. Cette partie de terrain avait été accordée en arrentement perpétuel à la Confrérie du Serment des Arbalétriers, pour y faire ses exercices ; de là son nom. Cette compagnie placée sous le patronage de saint Martin, jouissait d'un grand renom, depuis la célèbre bataille de Mons-en-Pévèle, en 1304, où elle avait perdu 600 hommes et après laquelle elle avait pris pour devis : *Gloire aux vainqueurs, 1304.* En 1487, l'archiduc Maximilien, qui avait épousé Marie, 30e comtesse de Flandre, reconnaissait par lettres-patentes, datées de Bruges, que la Compagnie des Arbalétriers de Douai était la plus ancienne et la plus renommée des institutions de ce genre dans le comté de Flandre ; qu'elle avait rendu de grands services dans les armées de son père. (1).

BÉGUINAGE (RUE DU).

En pénétrant dans cette rue, par celle des Blancs-Mouchons, la maison de Mme Defaulx, veuve de l'ancien

(1) Table chronologique des archives de Douai, n°s 1183-1184.

colonel de la garde nationale de ce nom , n° 3, a été
la demeure d'un homme très-distingué , M. Gautier
d'Agoty , secrétaire-général du Directoire départemental et ensuite de la Préfecture du Nord , lors de sa
création. M. Gautier a fait pendant longtemps partie
du conseil municipal de Douai ; on lui doit des rapports remarquables sur des questions importantes
d'intérêts locaux ; il a laissé dans la cité les plus honorables souvenirs. Son fils , habile administrateur , est
chef de division au ministère de l'agriculture et du
commerce et officier de la Légion-d'Honneur.

Le pensionnat dit *des Dames de Flines* , a une entrée au n° 13 ; avant sa réunion au pensionnat, c'était
une demeure occupée par M. l'abbé Gavelle , digne
ecclésiastique , frère d'un conseiller à la Cour de ce
nom , et que M. Deforest de Lewarde avait associé à
ses actes de charité.

Nous parlerons avec quelque détail de l'important
pensionnat dans la notice sur la rue du Vieux-Gouvernement.

Vers le nord au coin de la rue du Béguinage et de
celle de Notre-Dame-des-Wetz , se trouvait autrefois
un établissement de charité, qui avait donné son nom
à la rue. Il avait été fondé en 1245 , par les libéralités
d'un particulier appelé Gervais de Leville , et de son
épouse ; il était destiné à recevoir des femmes pauvres

que l'on qualifiait *Béguines* (1). Au moment de la Révolution , cette maison était occupée par des sœurs de charité et de saint Vincent de Paule. La portion qui forme le coin de la rue fut vendue en 1794 et on y construisit des demeures particulières ; celle à l'est fut consacrée au service des bureaux de bienfaisance et au logement de quelques femmes ou filles âgées, à la volonté des administrateurs des Hospices. Aujourd'hui le Mont-de-Piété est établi dans celle-ci. L'ancienne chapelle est affectée au service d'une école chrétienne gratuite , fondée et dotée par le vénérable M. de Lewarde en1815. On trouve des détails pleins d'intérêt sur cet établissement dans l'ouvrage de M Brassart relatif aux hôpitaux de Douai.

Au n° 12 habite M. Potiez (Valéry) , naturaliste , ancien conservateur, administrateur du Musée, auteur d'un bon ouvrage sur les mollusques.

Le n° 8 est occupé par M. Bois , ancien adjoint au maire , ancien directeur du Mont-de-Piété, vice-président de la commission des prisons.

(1) On pense que l'institution des Béguines est due a un chanoine de Saint-Lambert de Liège , nommé Lambert Lebègue, et qui vivait dans le XIe siècle , de qui leur est venu leur nom. D'autres ont dit que ce nom venait de leur coiffure le *Béguin*. Les étymologistes d'ailleurs se sont beaucoup occupé de l'origine de ce mot.

BELLAIN (RUE DE).

En 1794 , rue de la *Révolution.*

En quittant la place d'Armes, sur le côté ouest, le bel hôtel occupé par Mme Tarlier-Choque, était anciennement une hôtellerie très-fréquentée, sous l'enseigne du *Vert Hôtel*, déjà en renom en 1470, car lors de son entrée à Douai, le 19 septembre de cette année, Marguerite d'Yorck, épouse de Charles-le-Téméraire, y logea avec sa belle-fille Marie, depuis comtesse de Flandre.

M. Legris, chef de brigade, commandant de place, l'habita de 1793 à 1795 ; il devint plus tard la demeure de M. Paix-Midi, premier ajoint au maire, pendant longtemps.

Le n° 16, était vers 1700, la demeure de M. de St-Jean, qui fonda généreusement, rue Jean-de-Gouy, l'hôpital du petit Saint-Jean. M. Escallier-Delagrange y établit vers le commencement de ce siècle une pharmacie. Ce fut ensuite la demeure de son fils, le docteur Escallier, de spirituelle mémoire. C'est là qu'il avait formé la belle collection de tableaux et d'objets d'art dont, avant sa mort prématurée, il a fait le don au musée de Douai, et que l'on voit dans la salle de

cet établissement qui porte le nom du donateur.
M. Escallier avait été décoré de l'étoile de la Légion-d'Honneur, pour son dévouement, alors que le choléra exerçait ses ravages en 1832, à Douai et dans ses environs. Il est auteur de plusieurs écrits remarquables et entre autres d'une *Histoire de l'abbaye d'Anchin* et d'un *Essai sur le patois*.

En 1752, sur l'emplacement du n° 25, était un petit hôtel occupé par M. Marescaille, conseiller au Parlement. Cette propriété, après avoir passé en diverses mains, fut, il y a quelque trente ans, la demeure de l'avocat Laloux, qui a tenu un rang distingué au barreau de Douai.

Voici le plus ancien personnage debout, de la rue de Bellain : c'est l'*Homme de Fer*, commis à la garde des magasins et ateliers de ferronnerie de M. Desfontaine-Delacroix. Bien avant la Révolution, il était le gardien du magasin d'un sieur Lambert, qui occupait la maison d'horlogerie de M. Polomé.

M. de Calonne, président à mortier au Parlement de Flandre, père du célèbre contrôleur-général des finances, occupait en 1752, la maison qu'habite M. Coppin-Lejeune, au n° 33. Après M. de Calonne, elle avait été celle de M. le marquis d'Aoust de Jumelles.

Le maréchal de France Valée avait sa demeure dans cette maison, pendant les deux ans environ qu'il a séjourné à Douai, étant colonel d'artillerie.

Les somptueux magasins de papeterie de M. Alfred Robaut , jeune artiste plein de goût et de talent , sa librairie, son imprimerie lithographique occupent le n° 45. En 1750 , cette maison était habitée par M. de la Verdure d'Allènes , conseiller au Parlement ; elle le fut plus tard par M. Leboucq , aussi conseiller au Parlement et à la Cour impériale

Dans cet hôtel est mort un des hommes les plus distingués et les plus spirituels qui soient nés dans nos contrées , M. Gosse de Gorre , successivement avocat-général et président à la Cour de Douai , membre du Corps Législatif , député , un des types de l'ancienne Cour par son urbanité , l'élégance de ses manières et les grâces de son esprit.

Au n° 51 , où se trouvent les magasins de nouveautés *de la Providence* , M. Druelle , possède une curieuse collection d'objets d'arts et d'antiquités, rassemblés avec autant de zèle que de goût. Son propriétaire en fait les honneurs avec empressement et amabilité, aux amateurs qui sollicitent la faveur de la visiter.

Sur le côté est de cette rue , la maison de M. Pecqueur , confiseur-distillateur , est ancienne dans cette industrie : depuis plus d'un demi-siècle, on y fabrique l'excellente liqueur , nommée *Curacao Douaisien* , qui a mérité , par ses qualités , de figurer dans l'*Almanach des Gourmands*.

Dans celle qu'occupent, au rez-de-chaussée , les

beaux magasins de M. Gillet-Laurent, se tient le *Cercle Douaisien*, le plus ancien de ceux existant aujourd'hui à Douai. Cette maison a été construite en 1785, sur l'emplacement de l'hôpital Bonnenuict ou de Saint-Joseph qui y avait été installé en 1623, pour des orphelines.

Le n° 34 était, au commencement du siècle dernier, une hôtellerie sous l'enseigne du *Lion d'Or*. En 1721, il devint la demeure de M. Remy de Layens, échevin ; en 1777, celle de M. Vanrode, conseiller au Parlement, qui en 1787 passa président à celui de Metz. Il fut alors acheté par un sieur Lepet, qui y établit de nouveau une hôtellerie sous le nom du *Nouveau Monde*. — A l'est, derrière cette maison se voient encore une tourelle et une croisée d'une construction qui peut remonter au commencement du XVIe siècle.

Sur le terrain de l'hôtel qu'a fait édifier depuis quelques années, M. Robaut (Félix), avec autant de goût que d'élégance, vis-à-vis la rue des Ferronniers, était dans le siècle dernier une belle auberge, nommée de *Sainte-Catherine* ; elle existait déjà en 1565. — Plus tard elle prit le nom de *la Cloche* Cette hôtellerie, avait autrefois une sortie sur la ruelle Campion, qui aboutit à la Grand'Place et une autre communiquant à la rue des Fripiers ou de *dame Algus du Marquiet*. Cette habitation remarquable rappelle les gracieuses *cités* parisiennes. M. Robaut y a formé une riche collection de dessins , de portraits et de plans qui se rattachent à l'histoire de la ville ; c'est un véritable musée artistique que tout amateur éclairé doit chercher à visiter, et où il trouvera toujours un parfait accueil.

Au n° 18 . habité par M. Armand , était en 1756 , une auberge fort suivie , désignée sous l'enseigne du *Chausson* ou *Chauvesson.*

Les magasins d'épiceries de Mme veuve Druelle-Delacroix , occupent les bâtiments d'une autre hôtéllerie , connue dans le même temps, sous le vocable le *Noble d'Or.*

La boulangerie de MM. Gaulois , frères , n° 10 , est une des plus anciennes de Douai.

Les beaux magasins de meubles et d'ébénisterie de Mme veuve Béghin-Lepet, sont établis dans la demeure contigue. Ces élégants magasins avaient obtenu une grâcieuse mention de l'*Ermite en province ,* lors de la visite de M. de Jouy dans le Nord en 1823.

La rue de Bellain est le bazar douaisien , une sorte de boulevard.

BLANCS-MOUCHONS (RUE DES.)

Cette rue se nommait primitivement rue d'*Infroi*, d'*Ainfroi* ou d'*Adin froi*. Elle prit le nom des Blancs-Mouchons ou du Blanc-Mouchon, de celui d'un cabaret, situé à l'angle de cette rue et du carré Saint-Pierre, où se trouve maintenant une boulangerie. Une fondation hospitalière, sous le nom de Fressain, occupait, lors d'une vente échevinale faite le 4 avril 1605, le terrain où sont maintenant les demeures n°s 5 et 6 ; elle était destinée à l'entretien de cinq femmes veuves (1).

Le premier *Suisse*, qui apporta son industrie à Douai, s'établit dans la maison n° 4, construite ainsi que celle n° 6, sur l'emplacement de la fondation Fressain C'est sous la qualité de *suisse* que l'on désignait les marchands de pâtisserie, qui nous venaient alors de l'Helvétie. On ne disait pas : allons chez le pâtissier, mais bien : allons chez le *suisse*. Cet individu, nommé Gadmer, arriva vers 1788, à Douai ; ses descendants exercent encore la même profession dans la maison n° 6.

____

(1) Il y a eu à Douai d'autres maisons hospitalières ayant le nom de Fressain.

Cette rue s'est aussi appelée, rue du *Séminaire du Roi*, pendant peu de temps. (V. table chronologique, n°s 1,933 et 34.)

Sur le lieu où s'élève l'élégante maison de feu **M.** l'avocat Jules Leroy, se trouvait, il y a quelque trente ans, un cabaret fameux, nommé le *Blanc-Lapin*, tenu par un sieur Pepe. C'est le premier cabaret de Douai, où fut placé un billard.

La maison attenante est celle qu'habitait **M.** Leroy de Falvy, avocat d'un mérite éminent, mort président à la Cour impériale de Douai, en 1855.

En 1605, le célèbre professeur Pierre de Broide, premier conseiller pensionnaire de la ville, habitait celle n° 14, qui, au moment de la révolution de 1789, appartenait à une dame très-distinguée par son esprit et ses alliances, Mme de Biscop. C'est la demeure du notaire Moreau.

Celles portant le n° 20, sont bâties sur l'emplacement de l'ancien Séminaire du Roi. L'une d'elles était occupée, il y a quelques années et, au moment de son décès, par M. Maurice, président à la Cour impériale, magistrat éclairé, qui a laissé d'honorables souvenirs. Le séminaire formait l'extrémité, de ce côté, de la rue des Blancs-Mouchons. Ce collége avait été fondé en 1581-82, par le roi d'Espagne, Philippe II (1). L'administration en était confiée aux deux professeurs primaires en théologie. Les étudiants de cette Faculté

---

(1) M. Le Glaypense que le *Séminaire du Roi* existait déjà au moins nominativement avant le titre constitutif de Philippe II.

étaient soumis à une discipline sévère, toujours scrupuleusement observée ; mais l'administration de cette maison a souvent laissé beaucoup à désirer (1). Supprimé en 1790, ce séminaire resta inhabité. Une société d'amateurs, en 1794, y établit un théâtre et y donna un bon nombre de représentations, qui furent fort suivies. En 1800, il fut vendu par l'État et converti plus tard en maisons particulières. La rue était bornée là, par un pont jeté sur le cours d'eau parallèle à la rue de Jean-de-Gouy. Ce pont construit en planches fut nommé la *Planche Amoureuse*, lorsqu'il le fût de pierres, il prit le nom de *Pont des Amourettes* (2). On le reconstruisit en 1808 ; il a été clos depuis par une muraille s'élevant à la hauteur du premier étage des demeures voisines, pour prévenir les accidents. Au nord de ce pont se trouvait une poterne, aussi la partie de la rue, située de la *Planche Amoureuse* à la rue de Jean-de-Gouy eut-elle, pendant quelque temps, le nom de la *Fausse Poterne*.

Abordons le côté ouest de cette rue.

La maison du coin, formant l'angle de la rue des

---

(1) V. *Mémoires de la Société d'agriculture*, 1833, une notice de M. Brassart, sur le *Séminaire du Roi*.

(2) Nommé, lorsqu'il n'était qu'un étroit passage en madriers, *Planche Amoureuse*, selon une chronique, parce que lorsque se présentaient simultanément et, en venant de directions opposées. un jeune homme et une jeune fille, celle-ci devait payer le tribut de son passage par un baiser. Nous laissons toute la responsabilité de cette tradition au chroniqueur.

Blancs-Mouchons et celui de la rue des Chapelets, est celle où Jacques Villerval fonda une imprimerie en 1725. La famille Villerval a exercé la profession d'imprimeur, dans cette maison, pendant près d'un siècle, avec un grand succès. Le nombre des ouvrages sortis de ses presses est considérable ; en général ces ouvrages sont d'une belle exécution typographique. L'enseigne et la marque des Villerval, étaient le *Saint-Esprit*. L'hôtel qui se trouve vis-à-vis l'ancien Séminaire du Roi, qu'occupe M. Maurice, maire de Douai, a été habité précédemment par M. Natanael Lemaire, allié du fameux munitionnaire général Vanlerberghe.

En 1776, cette maison était occupée par M. Lemaire de Marne, avocat, receveur-payeur des gages, épices, vacations et amendes du Parlement. Cet office venait après celui du greffier en chef.

Nous avons passé la rue du Béguinage, entre les maisons numérotées 17 et 19, se trouve une porte sans chiffre ; c'est l'ancienne sortie de derrière du refuge Saint-Vaast, dont l'entrée et le corps de logis se trouvaient rue du Vieux-Gouvernement et sur l'emplacement duquel se voient l'église et l'établissement des Pères Rédemptoristes.

La maison occupée par M. Villemart, était au commencement du XVIe siècle, la demeure d'un peintre douaisien très-distingué nommé Waast de Bellegambe; il avait, assure-t-on, étudié la peinture sous Rubens.

La chapelle de Sainte-Catherine-de-Sienne et l'église des Dominicains de Douai étaient décorés de ses œuvres. M. de Coussemaker, juge à Lille, possède un manuscrit de Waast de Bellegambe des plus précieux.

Sur le terrain du n° 7 était une fondation hospitalière, sous le nom de l'hôpital *Pilate* ou *Pilatoire*; en 1605, lors de la visite échevinale, elle était destinée à des femmes pauvres. Au moment de la réunion des fondations particulières à l'Hôpital-Général, on y construisit une demeure particulière qui fut longtemps après habitée par M. Lenglet, président à la Cour impériale, ancien membre du Conseil des Anciens, magistrat intègre, écrivain distingué, auteurs de plusieurs ouvrages et entre autres d'une *Histoire de l'Europe et des Colonies européennes* (1).

C'est dans la maison portant aujourd'hui le n° 1, occupée alors par le sieur Danse, perruquier, que fut découvert et arrêté l'infortuné Derbaix, atrocement mis à mort au moment des premiers troubles révolutionnaires. Retraçons brièvement le triste tableau de ce lamentable événement.

Le 15 mars 1791, des hommes mal famés, qui, depuis longtemps, cherchaient à exciter un mouvement dans la population et dans la garnison de Douai, s'étaient portés à de graves excès, sous le spécieux

(1) Cinq volumes in-8°.

prétexte d'infraction aux réglements sur le commerce des grains , contre un négociant nommé Nicollon. On l'avait assailli chez lui , meurtri de coups et conduit à la maison commune. Pour le sauver des mains des forcenés , le maire, **M. Bonnaire** , avait dù demander qu'on le conduisit en prison. Derbaix , imprimeur , capitaine de la garde nationale , aidé de quelques-uns de ses camarades , s'était chargé de la conduite et de l'incarcération de Nicollon et il n'avait défendu qu'avec beaucoup de peine , la victime contre les furieux qui en voulaient à sa vie.

Il était cependant parvenu à faire refermer sur le malheureux négociant la porte de la prison , lorsque es soldats de la troupe de ligne , qui se trouvaient au milieu des émeutiers et qui d'ailleurs avaient perdu toute subordination , voulurent forcer l'entrée de cette prison. Derbaix s'y opposa avec énergie ; un soldat prétendit avoir été piqué par le sabre de Derbaix. Ce sabre arraché de ses mains on le tourna contre lui et il dut prendre la fuite pour échapper à la fureur de cette tourbe exaspérée par la boisson. Le fugitif avait trouvé un refuge dans le grenier de la maison de Danse. Ses bourreaux l'y découvrirent , et, lorsqu'ils se furent emparés de lui, voulurent le jeter par la fenêtre; mais cette vengeance ne parut pas encore assez atroce aux bourreaux , il leur fallait un assassinat public , et plus raffiné. La garde nationale était paralysée ou frappée de stupeur, car Derbaix fut arraché de la maison Danse, à la vue d'une patrouille de cinquante à soixante gardes nationaux qui ne portèrent aucun secours à leur camarade. Conduit avec violence et une horrible brutalité sur la place d'Armes, il y fut dépouillé de son habit et pendu au réverbère du corps-de-garde ; des soldats forcenés lui ouvrirent les entrailles, et son corps fut traîné, comme en triomphe par ces cannibales, à travers les rues de la ville ! — Qui le croirait ? C'est aux cris répétés de : *Vive la Nation !* C'est en élevant les chapeaux au bout des baïonnettes, comme des trophées, que fut salué cet infâme assassinat. On jugera par le fait suivant quel était le relâchement de la discipline : cette scène inouïe s'est passée en présence de M. de la Noue, commandant des troupes de la ligne, homme de cœur et de dévouement ; de M. Darejean, officier d'artillerie distingué, dont nous nous plaisons à signaler le nom, qui s'était élancé sur la corde de la lanterne, avait voulu la couper et avait exposé sa vie, par cette tentative. Ajoutons qu'il y avait alors à Douai trois officiers généraux exerçant leur commandement.

Les principaux auteurs de ce crime furent connus et cependant tous ont échappé à la juste vengeance des lois.

BLOC (RUE DU).

Rue Jean Paelette.—Paelette sur les fossés (1),*—du Canal,
—du Bloc au Verjus.*

Elle était autrefois hors ville , car le cours d'eau qui la longe à l'est , formait la limite du vieux Douai de ce côté. En y entrant par la rue d'Equerchin , à l'ouest s'étendait une haute muraille, clôturant les jardins du couvent des religieuses pénitentes de saint François , dites les *Capucines*. Cette maison , qui avait son entrée rue d'Equerchin , avait été établie en 1629. Une princesse de Ligne qui y prit le voile en octobre 1637, avait beaucoup contribué à son agrandissement. La vigne était cultivée par plans dans son vaste jardin , qui se prolongeait au nord jusqu'à la rue du Four ; on y faisait encore du vin en 1764.

Les religieuses quittèrent cette maison en 1792. On y logea d'abord des troupes, puis on y forma une infirmerie pour les malfaiteurs. Plus tard , on en fit une prison pour les détenus politiques.

Le couvent des Capucines fut vendu par l'Etat le 5 septembre 1795 , a un nommé Deguine, tailleur. On y construisit , il y a quelques lustres, une élégante demeure

(1) *Paelette*, petit poële.—Poëlon.—Palette à jouer.

A l'extrémité nord de ce vaste jardin on a bâti , à la même époque , une jolie habitation qui fut occupée successivement par M. Dupont, avocat-général , aujourd'hui procureur-général à Ajaccio , par M. Paul , avocat-général , maintenant 1er avocat-général à Limoges et par divers autres particuliers.

On passe ensuite la petite rue du Four , autrefois nommé des *Fénéants* et du *Trou d'Amour,* et puis une autre dite du *Petit Mai* et précédemment des *Rosiers.*

Le *bloc* au verjus formait le touquet ou le coin sud de celle-ci , et il avait donné son nom à la rue. C'était une usine dans laquelle on pressait le raisin pour la fabrication du verjus, la vigne étant alors très cultivée à Douai pour la fabrication de cette sorte de liqueur , que l'on préparait avec toutes sortes de raisins avant leur maturité, et fort en usage dans ces temps , pour l'apprêt des viandes et des ragoûts.

Plus bas s'ouvre la rue des Flageolets, qui a pris son nom de l'enseigne d'un cabaret.

La maison n° 2 habitée par M. Asselin , a été pendant longtemps la demeure de M. Lenglet, de mémoire vénérée. Elle était avant la révolution de 1789 celle de M. Eloy de Vicq, échevin ; c'est dans cette maison qu'est né le 3 juillet 1777 , l'excellent violoniste , compositeur distingué Bonaventure Eloy de Vicq.

Sur le côté est vers le nord étaient plusieurs petites demeures d'ouvriers, bornées derrière par le cours d’eau. Vers 1810 , elles furent achetées par le sieur Massy-Coupez , qui les fit démolir et qui sur leur emplacement établit un vaste chantier. On avait eu le projet de placer l’abattoir sur ce terrein , mais il n’y fut pas donné de suite. Plus tard on y construisit les élégantes habitations que l’on voit maintenant. L’école communale des frères de la doctrine chrétienne qui vient après a été élevée sur le terrein d’une ancienne tannerie. Le reste de la rue de ce côté est en grande grande partie occupé par l’importante fabrique de bougies de M. Evrard.

La rue du Bloc n’a été entièrement pavée qu’en 1788. Elle était comprise auparavant dans le quartier dit des *Verdes rues*.

BONNES (RUE DES).

Rue *Beau repaire* ou du *Biel repaire*. —Des *Bonnes*. —En 1794, des *Ecossais*.

Sur le côté sud se trouvait le séminaire des *Irlandais* ou de *Saint-Patrice* , composé de prêtres ou de *Clercs Hybernois* , destinés aux missions d’Irlande. Ce

terrain fait maintenant partie de l'hôtel de M. Desfon-
taines-d'Azincourt, dont l'entrée et les bâtiments sont
rue des Chapelets.

Au côté nord, on voit le beau pensionnat, dit de la
Sainte-Union, tenu par des religieuses ou sœurs de la
congrégation de ce nom. C'est l'ancien séminaire de
Saint-André, transféré de Paris à Douai en 1612 (1).
Ce local devint, dans le courant de 1792, une maison
d'arrêt pour les prêtres, les *ci-devants* (on désignait
ainsi les nobles), et les personnes *suspectes* ou soup-
çonnées d'*incivisme*. Cette prison prit le nom d'*hôtel
des Marmousets*, parceque la première personne qui y
fut conduite était un boulanger, de la rue des Wetz,
nommé Marmouset (2).

Les églises étant fermées, l'exercice public du culte
interdit, la plupart des détenus de cet hôtel étant des
ecclésiastiques, on les laissa, à compter de 1798,
célébrer la messe dans leurs chambres respectives,
l'autorité sembla l'ignorer. Les dimanches, les jours
de fête, le concierge, nommé Davesnes, honnête ré-
publicain, facilitait l'entrée aux fidèles en bon nombre,
qui allaient assister aux saints sacrifices et s'approcher
de la sainte Table. On toléra même vers 1800 qu'on y
fit des premières communions.

(1) Le fondateur fut Jean Lesley, évêque de Ross.
(2) V. rue des Wetz pour plus de détails sur cet individu.

En 1804, on établit aux Ecossais une fabrique de papiers, qui n'eut que peu de durée. Plus tard , cette maison devint un pensionnat de demoiselles , dirigé par des personnes laïques, Mmes Godard et Mairesse qui fut très renommé dans le pays.

La congrégation de la Sainte-Union, qui en est devenue propriétaire l'a beaucoup agrandie et embellie. Elle y a fait construire une petite église d'un très bon goût, orné d'un élégant clocher , sur un terrain à l'ouest, provenant de l'ancien couvent des Carmes-Chaussés.

Au moment de la Révolution, la maison des Ecossais possédait une riche bibliothèque, qui fut transportée en l'an IV de la République au dépôt général des livres , formé alors. Son inventaire repose à la bibliothèque publique de Douai.

Le précieux livre d'heures que Thomas Morus , chancelier d'Angleterre donna , quelques heures avant sa mort, à Jean Fisher, évêque de Rochester , et sur le premier feuillet duquel Thomas avait consigné ses doctrines religieuses se trouvait au collége des Ecossais. Ce monument est au nombre des curiosités typographiques et historiques de notre importante bibliothèque.

C'est encorè *aux Ecossais* que se trouvait , au moment de la Révolution, le beau livre d'heures de l'infortunée reine Marie Stuart. Il y avait été apporté par Elisabeth Carl, une de ses dames d'honneur. En 1801 cette curieuse relique fut vendue à l'encan, pour quelques sous peut-être.... Après avoir passé par diverses mains, elle avait été donnée par M. de Belmas, évêque de Cambrai au roi Charles X en 1827. Ce curieux monument est maintenant au Louvre (*Musée des Souverains*), à côté des livres d'heures de Charlemagne et d'Anne de Bretagne , etc.

CANTELEU (RUE DU).

Cette rue doit son nom à Sasseval de Canteleu , riche particulier qui y avait sa demeure , et dont le tombeau se voit dans le chœur, derrière le maître-autel de l'église Notre-Dame. Elle se divisait primitivement en deux parties, celle sise à l'ouest , depuis la rue de Bellain jusqu'à celle des Fripiers se nommait le *Petit-Canteleu*, et l'autre à l'est le *Grand-Canteleu*.

Sur le côté nord , en venant de la porte dite Notre-Dame et de Valenciennes , se dessine un beau et vaste bâtiment : c'est l'Hospice, connu sous le nom d'Hôpital-Général. En vertu de lettres-patentes du roi Louis XV , du 4 juin 1752 , la première pierre de cet édifice fut posée, avec une grande solennité, le 22 juillet 1756, par M. de Polinchove, premier président au Parlement de Flandre. Sa construction a été confiée à M. Durand, entrepreneur des fortifications de la place. Cet Hospice reçut des agrandissements en 1788, 1804, 1805, 1806, 1830 et 1839. Le fronton, exécuté en 1835, est l'œuvre de M. Théophile Bra, statuaire distingué, né à Douai. M. Brassart donne tous les détails que l'on peut désirer sur cet établissement et un beau dessin de son élégante façade, dans ses notes historiques sur les hôpitaux de Douai.

L'Hospice est borné à l'ouest par la rue des Trinitaires.

Il est desservi par des sœurs, sous la direction de l'administration.

Dans la maison qui fait le coin de la rue des Trinitaires, se trouve le bureau du télégraphe électrique.

L'hôtel maintenant occupé par M. Cuvelle, greffier en chef de la Cour impériale, était en 1790, la demeure de M. Leploge, greffier en chef du Parlement.

La maison qui lui est contigue, était à la même époque habitée par le spirituel M. de Bergerand, conseiller à la même Cour.

Le respectable M. Lefebvre, doyen de Notre-Dame, chanoine honoraire de l'archevêché de Cambrai, occupe le n° 45.

Un peu à l'ouest s'ouvre la petite rue du Prévôt. Elle doit son nom à Gérard Mullet, prévost de Saint-Pierre qui, en 1293, logeait au fond de cette rue, sur l'emplacement de la maison n° 3, avec sa sœur Marguerite, fondatrice des Huit-Prêtres.

Sur le terrain de la belle demeure construite, il y a quelques années, par M. Félix Choquet, n° 9, était autrefois l'hôpital Salé, fondé en 1605, par Charles Salé, docteur-médecin, en l'honneur des cinq plaies de notre sauveur Jésus-Christ, pour cinq pauvres filles orphelines. Il fut vendu par l'Etat en 1794, et adjugé à un sieur Legroux, menuisier.

Sur le côté sud, après la rue des Fripiers, jadis des *Dames-Augustes*, par corruption *de Dame-Algus du marchié*, est une descente à la branche de dérivation de la Scarpe qui passe sous la rue du Canteleu, sorte de flégard, qui se nommait autrefois *le flot du Canteleu*. Là était la limite de l'ancien Douai, et se trouvait la porte dite Canteleu.

Le 1er septembre 1730, le conseil de la ville donna en arrentement le terrain de l'abreuvoir du Canteleu, pour y bâtir des maisons, à charge de faire un mur de clôture, une descente à la rivière, etc.

Après ces maisons, se troupe l'importante usine de M. Minart, sur l'emplacement d'une ancienne maison religieuse. Les Cordeliers, vers le XIII° siècle, s'y étaient établis, par la générosité de gentilshommes et d'habitants notables du pays , qui voulaient y être enterrés et principalement de l'illustre famille des comtes de Lallaing. En 1282, la foudre avait brûlé et renversé le clocher de ce couvent. Le 6 avril 1553 , un incendie dévora cette demeure , tous les monuments sépulcraux furent détruits ; cependant en 1790 , on y voyait encore un bénitier en bronze de forme élégante, qui plus tard fut envoyé à la fonderie de canons...... On la reconstruisit bientôt après l'incendie.

Le 22 juillet 1437 , un chapitre général de l'ordre de Saint-François en France, fut tenu dans cette maison, auquel assistèrent plus de deux cents religieux députés de cet ordre.

En 1628 , les Cordeliers de ce monastère avaient embrassé la réforme sous le nom de Récollets-Wallons.

Les Cordeliers étaient habillés de gros drap gris, avec un petit capuce , un chaperon et un manteau de même étoffe , portaient le soc ou sandale , et étaient spécialement distingués par une ceinture de *corde* , nouée de trois nœuds. C'est de là que leur vient le nom de *Cordeliers* , qui leur fut donné , lors de la guerre de saint Louis contre les infidèles , pendant laquelle les Frères Mineurs , ayant repoussé les barbares , attirèrent l'attention du Roi, qui voulut connaître leur ordre. On lui répondit que c'étaient des gens de *cordes liés* , et le surnom leur en resta , et prévalut même dans la suite sur celui de *Frères Mineurs*. Les Cordeliers étaient agrégés dans l'Université et reçus docteurs.

Le 13 avril 1792 , le couvent fut vendu par l'Etat, après avoir servi pendant quelque temps de logement aux troupes de passage.

Vers 1797, une société d'amateurs y improvisa une salle de spectacles dans laquelle se donnèrent des représentations théâtrales qui furent fort suivies.

L'hôtel de M. Anacharsis Bommart a été élevé sur le terrain d'une ancienne dépendance de l'ordre de Malte ; le P. Ignace, dans ses précieux mémoires , en parle ainsi : « C'est une ferme en dedans et une maison
» bourgeoise , bâtie en briques , en front de la rue ,
» avec assez de longueur , mais peu de vues de ce
» côté-là. L'enceinte est spacieuse et renferme tout ce
» ce qui est nécessaire à l'usage d'une cense. Au-
» dessus de la grande porte d'entrée étaient en 1749 ,
» les armoiries du chevalier de Malthe , titulaire de
» cette commanderie ; elles sont gravées sur une pierre
» blanche plus haute que large , avec l'inscription de
» l'ordre : *Pour la foy* , et elle paraît beaucoup plus
» moderne que le corps de logis, ce qui montre qu'aux
» mutations des commandeurs , on change les armes
» du prédécesseur. »

Ensuite s'ouvre la rue de l'Aiguille , appelée précédemment ruelle d'Amidon, ruelle Crochart, rue Neuve.

Sur l'emplacement de la place de Jemmapes , nommée d'abord place Bourbon , à l'extrémité est de cette rue , avait été placé dès le XIIIe siècle une sorte d'hôpital dit des *Chartriers*, et aussi *Hôpital de la bien-heureuse vierge Marie*. On ne connaît pas exactement la date de la fondation ; mais dans un titre de 1724, qui se trouve aux archives de l'Hôpital-Général, on lit qu'elle était d'*anchienneté et hors de mémoire d'homme*. M. Plouvain avance, sans appuyer le fait de preuves, « que la dame *Algure Dumarchel*, femme Richard, » l'aurait établi pour y recevoir les infirmes et les pa-» ralytiques en 1165. » Néanmoins, ce fait est presque confirmé, puisqu'il existe des bulles des papes Alexandre III et IV, du XIIᵉ et du XIIIᵉ siècles, relatives à cet établissement alors *hors murs*. Une reconstruction avait été commencée en 1544, et avait été suivie d'agrandissement. En 1700, cette maison contenait 33 hommes et 50 femmes ; ses revenus s'élevaient à 12,810 livres. De 1714 à 1769, un hôpital militaire y fut établi. Au commencement de ce siècle, ce n'était plus qu'une vaste *cense*.

Une grande partie de ce bâtiment ayant été renversée par l'ouragan du 9 octobre 1801, qui causa tant de ravages à Douai, on démolit bientôt le reste, et ce terrain devint plus tard la place Bourbon.

CARMES (RUE DES).

En 1500, rue *Marie-Anne Le Carpentier*, ensuite rue *Carpentière*, et puis des *Carmes-Déchaussés.*

Cette rue se nommait encore, à la fin du XVIIe siècle, la rue *Carpentière*. Après de longs débats, entre le Souverain et les échevins de Douai, les pères Carmes-Déchaussés obtinrent, le 24 septembre 1615, l'autorisation de bâtir un couvent sur un terrain qu'ils avaient reçu en don de M. et de Mme de Mundé, situé à l'angle des rues *Carpentière* et des *Trinitois*. La rue se nomma dès lors rue des Carmes. Ces débats s'étaient péniblement prolongés. A cause de sa singularité, nous extrairons d'un des avis émis, en faveur des pères, par le Conseil de Leurs Altesses les gouverneurs-généraux, les lignes qui suivent :

« Chasque ville ou lieu, *sine jure sine injuriâ*, pour-
» rait refuser d'admettre ledit ordre pour les raisons
» que allèguent MM. du Magistrat, mais ladite ville
» de Douai ne peult en façon quelconque les refuser
» à cause qu'elle a dedans soy fontaine des sciences,
» qui est l Université ; car toutes les nations, à cause
» de ce, ont droit de se valoir du bénéfice et commo-
» dité de ladite Université, qui, pour cette raison,
» est appelée UNIVERSITÉ. A plus forte raison, les

» religieux ont ils droit de s'en prévaloir pour estre
» là l'âme de la sapience, et ceux qui se prévalent le
» mieux de sa doctrine et s'en servent pour les fins
» pour lesquelles Dieu a institué les sciences et les a
» infusées, qui sont les saluts des âmes et l'accrois-
» sement de la foy Catholicque. »

Comme de nos jours peu connaissent l'origine des
ordres monastiques qui existaient autrefois en France,
nous empruntons le passage ci-après, sur les Carmes,
à un manuscrit du XVII⁰ siècle :

« L'ordre des Carmes commença en Syrie, de cette
» sorte, plusieurs pèlerins des régions de l'occident
» y vivaient en divers hermittages, exposez à la
» violence et aux persécutions des barbares. Aymerie,
» légat du pape et patriarche d'Antioche, les ramassa
» et les unit tous sur le Mont de Carmel, qui aiant
» esté jadis la retraite du profète Elye, leur a donné
» lieu de se dire ses disciples et ses successeurs.
» Albert, patriarche de Jérusalem, *natif du diocèse*
» *d'Amiens*, et arrière-neveu de Pierre Lhermite,
» dressa leur règle et l'approuva l'an 1205 (1). »

Les Carmes-Déchaussés avaient une assez belle
église sur le clocher de laquelle la foudre tomba en
1762.

(1) Manuscrit de Douai, n° 852. — Il est sans doute inutile de
dire que le mot *Carme* vient du Mont-Carmel, où primitivement
ces pères se sont fixés.

Le 4 juillet 1791 , ils durent sortir de leur maison. L'église fut détruite , et les autres bâtiments furent affectés au service de la manutention des vivres de la guerre.

Cet établissement est le premier à droite, en entrant dans la rue des Carmes par la rue des Trinitaires.

Le grand bâtiment qui lui est contigu renferme aujourd'hui l'École normale primaire du départem nt du Nord et l'Ecole primaire supérieure. Il a été construit en 1786-87 pour servir à une fabrique de fayence , dite de *grès anglais*, sous la raison Georges Bris et Cie , et sur un terrain provenant de l'abbaye de Marchiennes. Le 1er avril 1821, cette manufacture passa entre les mains d'une autre compagnie , fut plus tard achetée par M. Bouhez. qui la revendit à la ville de Douai. Elle fut acquise par l'administration pour être affectée à l'instruction publique.

Ce fut dans la maison, portant le n° 15 de cette rue , que fut établie par M. Thomassin , à Douai , la première fabrique de fils de dentelles. En 1807 , ce fabricant reçut du gouvernement une médaille , à titre d'encouragement.

La demeure de M. Rousseau , n° 13 , a été habitée par le célèbre Merlin de Douai, et ensuite par M. Wastelier du Parc.

La maison n° 5 a été élevée sur une partie de l'emplacement de l'*hôtel des Nobles*, dont l'entrée se trouvait place Saint-Jacques, côté du sud-est Elle est habitée par Mme Bommart-Déquersonnière, veuve d'un citoyen des plus recommandables qu'ait eus la cité. Dans cette maison est né, en 1807, M. Amédée Bommart, inspecteur-général des ponts-et-chaussées et directeur des études à l'école polytechnique.

L'hôtel avait été fondé en 1624, par M. de Mundé et destiné à recevoir, outre ses parents, les enfants de pauvres gentilhommes, nés dans les dix-sept provinces des Pays-Bas, qui voudraient suivre les cours de l'Université. Ce séminaire, nommé en 1792, *Séminaire de l'Égalité*, a été vendu comme bien de l'État en 1794.

Ses jardins étaient bornés en partie par la rue des Carmes. Une portion de ces jardins avait été achetée par les révérends pères Carmes en 1666. Un manuscrit du temps nous apprend que le reste servait alors comme de guinguette. Ces Pères, sollicitant l'autorisation d'acheter cette portion de terrains, s'exprimaient ainsi : « Vos Altesses contribueront à une
» bonne œuvre et au plus grand entretien et nourri-
» ture desdits religieux, comme aussy au repos et
» tranquillité de leurs esprits, qui sont souvent nota-
» blement interrompus et troublés pendant les heures
» de l'office divin et de l'oraison mentale par les com-
» pagnies des jeunes gens de l'un et de l'autre sexe,
» que le fermier dudit jardin y introduit principale-

» ment les jours de festes pour y manger et y prendre
» le divertissement de la jeunesse, avec les violons,
» flajollets et autres instruments de recréation et en
» viennent quelquefois si avant, qu'aucuns, curieux
» de voir le jardin desdits remontrans (1), et ce qui
» s'y passe, ils appliquent des eschelles à la muraille
» d'ycelluy montent et y regardent comme il a été veu
» plusieurs fois.... »

La maison qui se trouve après le grand mur des jardins était celle qu'habitait et où est mort un homme qui a rendu de grands services à la ville de Douai, en qualité de Maire, le vénérable M. Bommart, chef de de l'intéressante famille de ce nom, qui vit au milieu de nous.

Prenant l'autre côté de cette rue, en remontant vers l'est, nous voyons un grand bâtiment au-dessus de l'entrée duquel est un écu portant le chiffre de MARIE, surmonté d'une croix. C'est l'ancienne maison des pères de l'Oratoire. Ces religieux avaient d'abord été logés près de Saint-Albin, par leur fondateur, à Douai, Herman Ortemberg, évêque d'Arras. Vers 1626, ils étaient venus occuper le couvent de la rue des Carmes. Ce local fut vendu en 1794 comme bien national. Leur dernier supérieur était M. Primat, à la fois prieur de l'Oratoire et curé de St-Jacques. M. Primat

---

(1) Les jardins étaient contigus et l'église des Pères se trouvait à l'extrémité de leur jardin.

fut évêque du département du Nord, évêque de Lyon ;
il mourut archevêque de Toulouse , en 1816. Il avait
été créé comte et sénateur , par l'Empereur (1). Ce
couvent fut adjugé aux frères Claro , négociants de
Douai, qui y établirent un magasin d'épiceries en gros
le plus important qui ait existé dans cette ville. Ensuite , il devint la propriété de M. Fouquay , qui y
transporta son institution. Enfin , il fut acheté par feu
M. de Lewarde , de vénérable mémoire , et affecté au
service des respectables sœurs de Sainte-Marie.

A côté , se trouve l'hôtel de la Sous-Préfecture. En
1733 , la maison bâtie sur ce terrain appartenait au
conseiller Mullet , il la vendit. Sur son emplacement,
auquel on réunit d'autres terrains voisins , on éleva
l'hôtel du gouverneur. Sa construction coûta 77,250
francs à la ville. Lors de la Révolution , cet hôtel devint la propriété de M. Gautier d'Agoty , secrétaire-
général de l'administration départementale du Nord.
Il s'y logea et y établit une imprimerie. En 1813 ,
il fut racheté par l'État et devint le siége de la
Sous-Préfecture de l'arrondissement de Douai.

Le bel hôtel qui se trouve à l'extrémité de cette rue,
en face de la Manutention , a été bâti par M. le baron
Hannecart de Briffœul , président à mortier au Parle-

(1) M. Primat a légué au Musée de Douai son portrait et son
scel épiscopal.

ment de Flandre (1). Il a été occupé ensuite par M. De Lalande, homme très-distingué, inspecteur de l'enregistrement et des domaines. Les Francs-Maçons, rassemblés après l'orage révolutionnaire par M. Bommart père, depuis maire de Douai, furent reçus dans l'hôtel de M. De Lalande, et y tinrent leurs séances pendant quelque temps (2). Cet hôtel servit ensuite de quartier-général au général baron Lahure, qui commandait le département du Nord. Devenu la propriété de Mmes Pamart, il eut pour hôte le roi Charles X, lorsqu'il arriva à Douai, le 6 septembre 1827. Il appartient aujourd'hui à M. de Bourlon de Franqueville, de l'honorable famille parlementaire de ce nom.

En 1760, cinq conseillers au Parlement demeuraient dans la rue des Carmes. MM. Franqueville d'Inielle, Franqueville d'Abancourt, De Sars de Curgies, de Pollinchove d'Aussy et Renard d'Hamel.

____

(1) Le dernier des Briffœul a été le premier colonel, lors de sa réorganisation, en 1804, de la garde nationale de Douai.

(2) C'est par erreur que M. Plouvain a dit que ces réunions avaient eu lieu rue des Jésuites.

CHAPELETS (RUE DES).

Rue *Aubel* ou de l'*Aubel*, en la neuve ville, — rue *Idain le
Branle*, — rue des *Capelles*.

En sortant de la rue des Wetz, sur le côté sud se
trouvaient, en 1809, les petites boucheries, construites en 1564. Lors de la suppression de la Chapelle,
dite Notre-Dame-des-Wetz, on y avait transporté la
statue de la mère de Dieu, qui ornait cette chapelle.
En 1810, le poids public fut placé dans ce local,
aujourd'hui occupé par l'École d'enseignement mutuel.

Au n° 21 naquit le 30 janvier 1715, le savant
Lestiboudois, chez son père, maître écrivain-juré ; ce
célèbre botaniste est mort à Lille, à l'âge de 90 ans,
le 20 mars 1804.

Le n° 17 est occupé par M. Delebecque, avocat à
la Cour, ancien membre de la Chambre des représentants en 1848

La maison qu'habite M. Berr, avocat-général, a été
construite et occupée avant la Révolution, par M. La-
gache de Bourgies, capitaine au régiment de Flandre
infanterie, aïeul de l'ancien juge de paix de ce nom.

Cette maison fut plus tard occupée par M. Tisserant,
professeur de mathématiques au Lycée et à l'École

d'artillerie , auteur de plusieurs bons traités élémentaires sur les sciences exactes.

Après se trouve un flégard.

Vient ensuite l'imprimerie de la dame veuve Céret-Carpentier. Elle fut établie , par son père , Séraphin Carpentier en 1796. Le 24 décembre 1801 , il y publia le premier numéro du journal la *Feuille de Douai,* nommé successivement *Journal de l'Académie* , le *Réformiste,* et le *Courrier Douaisien,* titre sous lequel il parait maintenant.

La maison du libraire Foucart, qui forme l'angle de cette rue et de celle des Blancs-Mouchons , fut le siège de l'imprimerie , sous l'enseigne du *Saint-Esprit* , reprise en 1725 par Jacques-François Willerval , dont la famille exerça la profession d'imprimeur , pendant près d'un siècle, avec une grande distinction. Les Willerval avaient le titre d'imprimeur du Roi et de la Cour de Parlement. C'était l'ancienne maison des Taverne, typographes de ce nom.

Au côté nord, en venant de la rue des Ecoles est un bel hôtel récemment et élégamment restauré par son propriétaire M. Desfontaines d'Azincourt, ancien officier supérieur de la garde royale, et colonel de la garde nationale de Douai. Il est bâti sur une partie de l'emplacement du Séminaire de Notre-Dame de Standonck, fondé en 1599, qui fut réunie en 1776 à celui des Irlandais ou Hybernois, situé rue des Bonnes.

Cet hôtel a été construit pour M. Coll , chef des échevins , dont M. de Richardin nous a laissé le singulier portrait , dans ses curieux mémoires ; il était habité au moment de la Révolution par M. Taffin de Givenchy. Il l'a été plus tard par M. Lalliot , commissaire des guerres.

En l'an 4 de la République, M. Lagarde ainé , qui fut ensuite secrétaire-général du Directoire , et des conseils, préfet de Seine-et-Oise, avait une imprimerie dans cet hôtel , où il imprima la *Collection des lois et décrets du Comité de salut public,* 12 vol. in-8°.

CHARTE (RUE DE LA).

Rue de *Corbie* (1) ,—des *Conincks* (Lapins) ,—des *Jésuites,* —de la *Charte.* En 179\, rue du *Génie.*

Au commencement du XVIIe siècle , sur le côté nord de cette rue, en quittant la place Saint-Jacques , se trouvaient de grands bâtiments qui s'étendaient

(1) A cause d'une ancienne fondation faite par Marie de Corbie.

jusqu'à la rue *Paillerelle* ou du Musée. Ces bâtiments faisaient partie du couvent des Jésuites. Ces Pères s'étaient établis à Douai en 1570. Leur église, construite en 1586, était à l'extrémité nord de la rue du Musée ; la porte d'entrée est encore debout, avec son inscription : *Sacrum et terribile nomen Jesus...*

Ces religieux, en 1761, avaient fait élever l'Observatoire, que l'on voyait encore il y a peu de temps, au-dessus du Musée. Cet Observatoire était de forme octogone ; ses pans correspondaient aux divers rumbs de vent ; il était pourvu d'instruments astronomiques et décoré de figurations célestes. De sa lanterne on découvrait un panorama aussi riche que varié, qui récréait agréablement la vue.

Lors de la suppression de la Compagnie de Jésus, en 1765, les bâtiments qui se trouvaient sur la rue furent démolis, et le terrain fut remis à l'Université. Plus tard, on y construisit, vers l'est, deux maisons qui, réunies, sont aujourd'hui affectées au service des sœurs de la Providence ; ces sœurs y tiennent leurs écoles et une salle d'asile. Le grand corps-de-logis de la maison conventuelle fut en partie laissé debout et affecté au service de l'Académie universitaire. Là se fesaient les cours, les examens ; à l'étage était placée la bibliothèque. Quand l'Université, en 1793, cessa d'être, le rez-de-chaussée reçut les dépôts de livres et d'objets d'art retirés des maisons religieuses.

En 1795 , ces locaux furent affectés au service du Musée et de la bibliothèque. Ces riches dépôts s'étant considérablement accrus , à plusieurs reprises , des travaux d'agrandissement y furent exécutés. Enfin , M. Maurice, maire actuel de la ville de Douai, à qui , déjà nous devons les importants travaux de l'Hôtel-de-Ville , de l'Académie, de nos entrepôts , etc. , conçut le projet, aujourd'hui en voie d'exécution , de rendre les bâtiments dignes de leur destination, en fesant prolonger , sous une forme à la fois sévère et élégante , les corps affectés au service du Musée et à celui de la bibliothèque.

Sur l'emplacement de la grille d'entrée actuelle rue du Musée, se trouvait encore au commencement de ce siècle une grande porte, au-dessus de laquelle on lisait : *Academia*. Dans la niche qui surmonte l'entrée des bâtiments figurait une statue de *Saint-Ignace* primitivement ; elle a été remplacée depuis par un *Apollon du Belvédère !*.....

Après la rue du Musée se trouve l'hôtel longtemps habité par M. Durand d'Elecourt, d'honorable mémoire. Ancien adjoint au maire , conseiller à la Cour , député de l'arrondissement de Douai au Corps législatif, cet homme distingué a parcouru sa longue carrière , à des époques difficiles , en sachant se concilier l'estime et la considération de tous les partis.

Sur le côté sud de cette rue , vers l'extrémité occidentale, se trouvait le Séminaire de la Torre, fondé en 1617, par Gaspard de la Torre, doyen de la cathédrale de Bruges, en faveur d'écoliers pauvres. Cet établissement fut vendu par l'Etat en septembre 1797. On y forma alors une fabrique de grès anglais. Ensuite venait le mur de clôture des jardins du couvent des sœurs grises de Saint-Thomas. Les terrains du séminaire de la Torre et des sœurs grises furent en 1800 achetés par M. Auguste Desmarets, citoyen recommandable et justement considéré, qui y fit construire d'élégantes habitations ; celles occupées aujourd'hui par MM. Danel, président à la Cour, et Binet, conseiller, ainsi que l'hôtel de M. Emile Desmarets. Cette dernière habitation, que son propriétaire a fait décorer d'une porte d'entrée très-remarquable, qu'il a enrichie de belles serres renfermant de précieuses collections de plantes exotiques et indigènes, es' une des plus élégantes et des plus agréables de la cité, par son heureuse situation, par le goût qui a présidé à sa décoration intérieure et à la distribution de son beau jardin.

Après la demeure de M. Desmarets, se trouve l'hôtel de Mme Remy de Gennes. Il a été construit aussi sur l'emplacement du terrain du couvent des sœurs grises, par M. Delfosse, entrepreneur-général des lits militaires, et habité par son gendre, homme honorable, dont le souvenir sera toujours cher aux habitants de Douai, M. le comte de Montozon, député de l'arrondissement de Douai, pair de France, etc. Cet hôtel, après M. Montozon, fut la demeure de M. Colin, premier président à la Cour, mort conseiller à la Cour de Cassation.

~~~~~~~

CHARTREUX (RUE DES).

Ce n'est ni à cause de son étendue, de son commerce, de sa population que nous consacrons un article à cette rue, mais bien pour les souvenirs historiques et anecdotiques qui s'y rattachent. Elle s'est nommée d'abord rue *Couc-Noé* ; elle était bornée à l'ouest par celle du *Pendeur* ou des *Pendarts*, (rue du Magasin-à-Poudre), et à l'est par la *grande rue Saint-Aubin*. On l'appela plus tard rue du *Colombier*, rue *Montmorency*, enfin rue des *Chartreux*. Elle est la première des *Vertes rues*, qui ait été pavée.

Nos chroniqueurs douaisiens semblent avoir ignoré qu'une des branches de l'illustre famille de Montmorency (1), a habité Douai pendant près de trois siècles

(1) Plusieurs généalogistes de cette maison sont d'accord sur ce point que le titre de Montmorency, lui venait du village de *Morency*, dont elle avait la seigneurie.
~~~~~~~

et que sa résidence princière était dans la rue des Chartreux , sur l'emplacement de l'établissement aujour-
d'hui affecté au service de l'artillerie.

Des carreaux à paver que nous avions vu dans cette
maison, il y a quelques vingt ans , nous ont mis à
même d'établir ce fait historique avec toute évidence.
Ces carreaux étaient aux armes de la maison de Montmorency , et portaient sa devise : *Dieu en ayde au
premier chrétien baron de France* (1). Nous avons
donné ailleurs le détail des recherches, auxquelles nous
nous sommes livré pour constater d'une manière indu-
bitable la résidence , pendant un long espace d'années,
des Montmorency à Douai , nous ne les reproduirons
pas ici : ils étaient seigneurs de Saint-Albin , de l'Escarpel , de Courrières, etc.

L'église de Saint-Albin , qui se trouvait dans le
voisinage de leur maison , entre le collége de St-Vaast
et la rue du Champ-Fleury , avait reçu des dons importants de cette famille ; plusieurs de ses membres
y avaient eu leur sépulture. Au moment de la Révolution de 1789 , on voyait encore à Saint-Albin, quatre
monuments funèbres de personnages appartenants à
cette maison.

Jean de Montmorency était gouverneur de Douai en
1559.

____

(1) On peut voir de ces carreaux au Musée.

Hugues , en 1565 , avait à Douai , le droit de *gavenne* ; c'était un droit que l'on payait pour obtenir le secours de son seigneur en cas de guerre.

Nicolas de Montmorency , avait des droits sur la navigation de la Scarpe en 1577.

François de Montmorency , vers 1585 , fondait à Douai le séminaire du collège de théologie.

En 1611 , un autre Nicolas de Montmorency donnait , à l'église Saint-Nicolas de Douai , une grande vître , pour la chapelle Sainte-Anne , sur laquelle étaient peints les soixante-quatre quartiers de son *extraction*.

Vers la fin du XVIᵉ siècle et le commencement du XVIIᵉ la noble famille de Montmorency , s'éloigne en silence des Pays-Bas ; elle vend les biens qu'elle y possède , ainsi que ceux lui appartenant en Artois , et en Hainaut ; elle ne paraît plus à Douai. Son nom s'efface , il ne figure plus dans nos histoires locales. Si on le rencontre , c'est en souvenir d'une possession ou d'un fait antérieurs. Quelle cause puissante , sérieuse , peut la porter à fuir les contrées qui lui ont été chères, qu'elle avait illustrées , à l'administration desquelles elle avait présidé pendant près de trois siècles ? Qu'on se rappèle la fin terrible de Philippe IIᵉ , du nom de Montmorency , comte de Horn , celle du comte d'Egmont , son allié , et son proche parent , victimes du sanglant despotisme du duc d'Albe, celle non moins affreuse du malheureux Floris de Montmorency-Montigny , autre victime de la sombre politique de Philippe II , et qui fut assassiné juridiquement à Simancas , en Espagne , et on aura la raison de cet éloignement , de ce dégoût que les Montmorency éprouvèrent pour nos provinces, soumises au joug sanguinaire de l'Espagne.

Ils se réfugièrent sous la généreuse bannière de France , que leurs ancêtres avaient si vaillamment soutenue , et y cherchèrent un abri contre les froides et atroces persécutions de Philippe II.

La demeure princière des Montmorency fût achetée au commencement du XVIIe siècle par les Prémontrés de l'abbaye de Saint-Nicolas de Furnes qui voulaient y établir un refuge et un collége. Le nom de Montmorency fût mis en oubli et ce lieu fût nommé les *blancs moines ;* ainsi que l'on qualifiait les Prémontrés , parce qu'ils étaient vêtus de blanc avec un scapulaire , qu'ils portaient un chapeau , une aumusse et l'hiver un camail blancs. Mais ces religieux ne mirent pas leur projet a exécution. Ils revendirent ce terrain en 1664 , à Marie Loys , fille d'un notaire de Douai, de la famille des deux poètes douaisiens du nom de *Loys.* Marie le céda aux Chartreux pour y fonder un monastère , que ceux-ci firent construire et habitèrent vers la fin du XVIIe siècle. L'église encore debout ne fut achevée qu'en 1722.

Un grand scandale, qui se rattache à ce couvent , se produisit à Douai , dans le siècle dernier.

Le 23 avril 1767 , le prieur de cette maison , Dom Augustin Louchet , disparut enlevant la supérieure de l'Hôtel-Dieu , Antoinette Lehon. Voici les faits de ce rapt extraordinaire , tels qu'ils sont établis dans les manuscrits du père Ignace , reposant à la bibliothèque publique d'Arras.

Dom Louchet , qui au moment de l'événement, était prieur de la Chartreuse de Douai , appartenait à une famille noble et peu aisée de la Bretagne. A l'âge de 18 ans , il avait obtenu une bourse de séminariste , mais la vie monastique n'était pas de son goût ; ses parents lui firent accorder peu après , un brevet de cadet , dans un régiment qui se trouvait en Allemagne , sous les ordres du maréchal d'Estrées.

Le jeune cadet s'était distingué à la bataille d'Hastenbeck et ensuite pendant tout le cours de la guerre de sept ans.

Il était parvenu au grade de capitaine , ayant le commandement d'une compagnie. Comme il voyageait, avec son corps , revenant en France , entre Weimar et Erfurt, en Basse-Saxe, il fit rencontre , sur la route , d'une famille dans le plus grand dénuement , qui se composait d'un vieillard , d'une femme âgée , d'un jeune garçon et d'une jeune fille. Le chef de cette famille , à la vue des uniformes français , s'adressa au capitaine , lui parlant notre langue avec facilité ; il sollicita la permission de laisser monter sa vieille compa-

gne et sa fille sur les fourgons, qui suivaient la troupe ;
ce qui fut accordé. Interrogé sur sa triste position ,
le vieillard raconta , qu'appartenant à la religion réformée , il avait quitté la France depuis plusieurs années ;
qu'ayant cherché une retraite en Allemagne , il avait
eu le bonheur de s'y assurer une honnête existence ;
mais que par suite de la dernière guerre , et en haine
des Français, que cette guerre avait éveillée , il s'était
trouvé en but à des persécutions , qu'on l'avait pillé ,
maltraité et obligé de prendre la fuite pour échapper à
la mort. Arrivé à Erfurt, Louchet , avec l'appui de ses
chefs , avait obtenu pour le vieillard la place d'économe
de l'hôpital militaire français. Rentré en France , le
capitaine Louchet avait été licencié, comme beaucoup
d'autres, sans traitement. On délivrait alors aux officiers, réduits à cette position , des *passes*, au moyen
desquelles, ils étaient reçus , logés et hébergés dans
les abbayes et monastères. Louchet se trouvant chez
les Chartreux de la Bouthillerie , près La Bassée ,
accueilli à ce titre , dénué de ressources, sans fortune,
s'était décidé à se faire chartreux.

Entré dans l'ordre, il s'y était tellement distingué ,
par son savoir et sa conduite exemplaire, qu'en 1760,
il avait été choisi pour être prieur de la Chartreuse de
Douai.

Des lettres-patentes de Louis XIV , avait établi en
1714, pour administrateurs perpétuels de l'Hôtel-Dieu,

le prévôt du chapitre de Saint-Amé ; le prieur des Chartreux et le chef-échevin de Douai. En sa qualité de prieur, Dom Louchet, était obligé de visiter l'Hôtel-Dieu. Par un hasard singulier, il y retrouva la jeune fille qu'il avait rencontrée avec son vieux père auprès d'Erfurt, elle y remplissait l'office de sœur de charité.

Comment y était-elle venue ? C'est ce que nous apprennent les mémoires d'Arras.

Lorsque le père d'Antoinette Lehon eût été placé à l'hôpital d'Erfurt, la jeune personne et sa mère y avaient obtenu l'emploi d'hospitalières ; à l'évacuation des hôpitaux, elles étaient rentrées en France, et après abjuration de la religion réformée, la jeune fille s'était faite sœur de charité et avait été envoyée à Douai. La reconnaissance des deux personnages aurait eu pour cause l'accent germanique de la jeune chariote.

Grâce à la protection du prieur, Antoinette, après moins de deux ans de séjour à l'Hôtel, était nommée sœur-maîtresse ou supérieure de cet établissement, contre le vœu de Jean de Bonneguise, évêque d'Arras; ainsi le constate le procès-verbal d'élection, daté du 24 novembre 1766.

Le 23 avril 1767, ainsi que nous l'avons dit, le prieur des Chartreux et la supérieure de l'Hôtel-Dieu avaient disparu. Pour ne point laisser de traces authentiques du scandale, produit par cette fugue, un procès-verbal dressé le 12 juin 1767, dit que vu la démission de la sœur Antoinette Lehon , la sœur Hélène Lerouge exercera les fonctions de supérieure , jusqu'à ce qu'il en soit autrement ordonné.

Mais il n'existe point de traces de cette démission. Et il n'est plus parlé, dès cette époque, du père prieur, en qualité d'administrateur de l'Hôtel-Dieu. Un déficit dans l'état financier de cette maison fut constaté , et imputé au manque de surveillance du chef du magistrat , qui pour ce fait , se démit de ses fonctions.

Les fugitifs avaient gagné la Hollande..... L'infortunée supérieure y avait fini ses jours , deux ans après son départ ; et bientôt après, l'ancien prieur , bourrelé de remords et repentant, frappait , avec humilité à la porte de la Chartreuse de Douai , et y était reçu à miséricorde......

Il y termina sa carrière dans les prières , le jeûne et les macérations (1).

Le 4 juillet 1791 , les Chartreux sortirent de leur maison. Dans le mois de novembre de la même année, ce couvent fut affecté au service de l'artillerie pour la fabrication des cartouches et des gargousses , et peu après on démonta le clocher de l'église.

Au front de cette église , sur un portail encore re-

_____

(1) Dans ses *Souvenirs* , M. Plouvain ne mentionne ce fait que par cette note laconique :

— 1767, 23 *avril*. Départ du prieur des Chartreux et de la supérieure de l'Hôtel-Dieu.—

marquable , on voyait en 1791, un bas-relief représentant Saint-Bruno , fondateur des Chartreux , donnant sa règle, et au-dessus de la porte l'inscription suivante, devise de cet ordre :

Stat crux, dùm volvitur orbis.

COMÉDIE (RUE DE LA).

Autrefois rue du Brequin, — du Clocher-Saint-Nicolas, — des Mouriers.

La partie basse de cette rue était dite du Clocher-Saint-Nicolas , celle supérieure des Mouriers. Sur le côté sud, en venant de la rue de Paris, l'hôtel de M. le colonel baron Amaury de Lagrange , ancien député au Corps Législatif, conseiller municipal , est bâti sur l'emplacement d'une petite place, autrefois nommée *place des Mouriers*. Cet hôtel se nommait le *grand Mez* ou la *grande Maison*. Il était habité au commencement de ce siècle par Mlle de Wagnonville , il le fut ensuite par M. Foucques , lieutenant-colonel de la garde nationale en 1830 , d'honorable mémoire.

La maison qui lui est contigue fut occupée par M.

Taranget, docteur en médecine , ancien professeur en médecine , ancien professeur de l'Université, plus tard recteur de l'Académie de Douai; et puis par M. Laloux, avocat, dont déjà nous avons parlé. En 1648 , une ruelle se trouvait sur le terrain de cette demeure ; elle conduisait au vieil arsenal de Douai , qui était limité au sud par la ruelle des Arbalétriers. L'arsenal fut transféré en 1667 , au prieuré de Saint-Sulpice près l'Esplanade.

Au n° 15, habite M. le docteur Bagueris fils, adjoint au Maire.

En 1667 , sur l'emplacement de la salle des spectacles était la brasserie de la maison échevinale et de celle des œuvres ; on y établit vers 1683, le *Séminaire de la Foy*. M. Denis-d'Haubersaert , entrepreneur des fortifications en fit l'acquisition dans l'année 1783. Trente mille livres lui furent allouées par la ville pour y construire une salle de spectacles. L'ouverture de cette salle eut lieu en présence de l'intendant de la province de Flandre, le 4 décembre 1785 Elle avait été peinte et décorée, avec beaucoup de talent par M. Caullet, professeur de l'académie de dessin. En 1788 , la ville la vendit à trois particuliers, pour le prix de cinquante mille livres. Au moment de la Révolution , elle appartenait à une personne qui émigra. Elle devint alors la propriété de l'Etat. Après diverses vicissitudes, elle redevint en 1810 , celle de la ville qui la racheta pour la somme de cinquante-six mille francs. En 1813, cette salle fut restaurée et de nouvelles décorations furent peintes par l'habile Cicéri ; reconstruite en partie vers 1842 , et complètement restaurée de nouveau en 1845 , sous la direction de MM. Mallet et Estoret Enfin en 1858 , elle reçut d'autres embellissements dûs au talent de M. Cellier. Ses dépendances ont été accrues en 1824 , par l'achat d'un jardin voisin ayant appartenu à M. Hannecart de Briffœuil , colonel de la garde nationale.

Venait plus bas, au moment de la Révolution , le clocher de l'église paroissiale de Saint-Nicolas *en la poterne*. Cette église datait de 1228. Vendue par l'Etat en 1794, elle fût démolie bientôt après, et son emplacement forme aujourd'hui la place Saint-Nicolas , sur partie de laquelle a été bâtie une salle d'asile. Par arrêté du 26 décembre 1811 , le maire de Douai avait établi un marché aux fruits sur cette place.

A l'ouest , sur le côté nord , les Brigittines possédaient, en 1750, deux maisons. Après au n° 16, était la demeure de M. de La Pierre un des plus riches bourgeois de Douai. La qualification de bourgeois, qui jusqu'au XVe siècle , avait servi à désigner les habitants d'une commune , jouissant du droit de bourgeoisie , reçut une acception moins restreinte et exprima aussi l'habitant d'une cité vivant de son revenu. Les *Lapierre* s'appelaient simplement *Pierre*, par l'obtention du droit de bourgeoisie, ils prirent le nom *de la Pierre.*

Ensuite vient le bel hôtel habité par Mme Lefebvre de Troismarquets, veuve d'un magistrat très-distingué de la Cour. Au commencement du siècle, cet hôtel appartenait à M. le marquis d'Aoust, membre de nos premières assemblées législatives, président de l'administration du district de Douai, homme de savoir, d'intelligence et d'une urbanité parfaite.

Après la rue de l'Université, naguère du Mont-de-Piété, la rue de la Comédie est limitée de ce côté par l'hôtel académique établi dans le local de l'ancien Mont-de-Piété : nous parlerons de ce bel edifice dans l'article qui concerne la rue de l'Université. Un peu au-dessus de ce bâtiment se trouvait, dans l'ancien temps, le lieu de réunion de la compagnie bourgeoise de plaisance de Douai, connue sous le nom des *Cornuyaux* (les mangeurs d'échaudés) et des *bons compagnons,* qui figurait avec tant d'éclat à *la fête des fous.* C'est aujourd'hui le cabaret sous l'enseigne : *Au bout du fossé la culbute!* locution familière, sorte de proverbe qui, ainsi que l'a dit, le docte et spirituel M. Gratet-Duplessis, ancien recteur de l'Académie, dont la ville de Douai conserve le bon et honorable souvenir, dans sa *Fleur des proverbes,* s'applique assez ordinairement et fort à propos à la destinée d'imprudents lancés aveuglement dans la débauche et le déréglement.

CLOCHER-SAINT-PIERRE (RUE DU).

Rue des *Portelettes*,—du *Puich Philory*,—des *Trouvés*.
—En 1794, *Grande rue du Temple*.

Les maisons portant les n^{os} de 1 à 7 , sises vis-à-vis le clocher de l'église paroissiale de Saint-Pierre , ont été élevées sur l'emplacement de l'hôpital des Enfants-Trouvés , dont on faisait remonter la fondation jusqu'au milieu du XIIIe siècle. Les femmes qui voulaient abandonner leurs nouveaux-nés à la charité publique, les déposaient d'ordinaire à la porte des églises et des monastères ; ceux qui relevaient les pauvres petites créatures les remettaient aux magistrats , qui les faisaient admettre dans cet hôpital. En 1756 , il fut supprimé et remplacé par des habitations particulières , qui ont été vendues à l'époque de la Révolution.

La maison qui se trouve à l'ouest de ces demeures a été celle de M. Bruneau, avocat d'un beau talent et de beaucoup de savoir , mort prématurément , environné d'unanimes et de profonds regrets.

Les habitations , qui sont en suivant , ont été construites sur l'emplacement de l'hôpital des *Huit-Prêtres*, lequel datait de 1330. Cette fondation avait eu lieu

par les libéralités de Marguerite Mullez , pour y recevoir huit prêtres indigents , et pour fournir à leur entretien. L'administration en était confiée à quatre échevins. Comme ses bâtiments menaçaient ruine , on les
reconstruisit en 1519.

Supprimé en 1791 , on y logea la gendarmerie. En
1795 , l'Etat le vendit à un sieur Lepet. Cette maison avait une petite église , dont l'entrée se trouvait
dans la ruelle des Huit-Prêtres , que l'on nommait
primitivement rue *Espinock Leroux*. Ce n'était alors
qu'un impasse , qui n'avait pas , avant 1619 , d'issue
sur la place Saint-Pierre. Sur la porte extérieure de
l'église , on lisait ce commencement de psaume : *Deus
noster refugium...* Sur celle de la maison place Saint-
Pierre cette inscription : *Chean est la bonne maison
des wits prêtres jadis fondée par damoiselle Marguerite Mulet dit Baudan qui trespassa le* **17** *du mois de
mars* 1329. *P.*

Après la rue des Huit-Prêtres , on remarque une
belle habitation , curieuse par l'architecture de sa façade , et dont M. Robaut père a eu l'heureuse pensée
de nous donner le dessin. C'est l'ancienne demeure des
Remy, bâtie dans le milieu du XVIIᵉ siècle. Elle a été
habitée par plusieurs familles patriciennes de Douai ,
et entr'autres , par celle des Garin , à laquelle appartenait l'archevêque de Thessalonique de ce nom , fondateur de l'hôpital de Saint-Samson. C'est aujourd'hui
une maison de banque.

Au n° 23 , qui fait maintenant partie du couvent des sœurs de Saint-Vincent-de-Paul , se trouvait précédemment établi le bureau de bienfaisance. Cette demeure avait été celle de M. Martin du Nord , pendant qu'il exerçait d'une manière si supérieure la profession d'avocat , et avant qu'il abordât la carrière politique.

Vient ensuite la maison conventuelle des sœurs de Saint-Vincent. Ces sœurs visitent les malades , soulagent les indigents et s'occupent de l'instruction de jeunes orphelines. Dès 1779 , il existait à Douai des sœurs de charité ; mais la fondation actuelle ne date que de 1836 ; elle est due à la libéralité du vénérable M. Deforest de Lewarde Cette maison a été celle de M. Dubois , président de chambre à la Cour , et de M. Blanquart de Bailleul , procureur-général ; député du Pas-de-Calais.

En 1788 , le n° 35 était la demeure de M. le docteur Delannoy, échevin et savant professeur de médecine à l'Université de Douai. Le respectable curé-doyen de Saint-Pierre, Semaille, qui a laissé quelques écrits religieux , habitait cette maison à sa mort.

Au côté nord de cette rue, la maison n° 36 a été construite sur l'emplacement de l'ancien hôpital Lemiquet. Cet établissement avait été fondé en 1611 par les libéralités de Jean Lemiquet , chapelain de l'église collégiale de Saint-Pierre. Il fut vendu par l'Etat en 1794.

Le n° 28, qui vient d'être reconstruit avec une sorte d'élégance , fut le siége de l'imprimerie du sieur Vilette père qui , pendant plusieurs années , avait été directeur de l'imprimerie royale de Sainte-Lucie. C'est dans cette maison que logea Napoléon Ier , pendant les deux années qu'il passa à Douai , en qualité de lieutenant d'artillerie au régiment de La Fère.

Celle habitée par Mme veuve Desprès était, en 1788, occupée par M. Desbaulx de Berguettes , échevin , commissaire de nos écoles académiques , homme honorable sous tous les rapports. M. de Berguettes a laissé de précieux manuscrits sur la ville de Douai , que M. Plouvain avait consultés , et que l'on ne retrouve plus.

Une muraille formant un angle presque droit , dite le *Muret de Saint-Pierre ,* s'étendait autrefois de la maison n° 24 de la terrasse Saint-Pierre , qui était dépendante de la collégiale, à la rue Saint-Christophe, elle fermait le *clos de Saint-Pierre* ; deux issues y étaient pratiquées. L'une vis-à-vis l'entrée ouest de l'église , l'autre vis-à-vis la porte qui donne sur la rue Saint-Pierre. Lorsque cette muraille fut démolie le petit passage qui se trouve entre l'église et la maison du prévôt fut nommé le *détroit de Gibraltar.* En 1794, au lieu ou s'ouvrait l'autre issue de cette muraille au sud, on planta un *arbre de la liberté.*

CUVE-D'OR (RUE DE LA).

Anciennement rue des *Wantiers*. — Rue du *Canon-d'Or*.

Lorsque vous avez, quittant la place d'Armes, traversé le bout de rue, nommé le Pont-des-Récollets, vous trouvez sur votre droite, celle de la Cuve-d'Or, qui conduit au Barlet. Sur le côté ouest de cette rue, vous remarquez un escalier, descendant à la branche de dérivation de la Scarpe, qui arrose la partie est de la ville; cet escalier a nom *Trou Saint-Bernard*. D'où vient ce nom? Voici la *légende* :

« L'Université, fondée par Philippe II d'Espagne, attirait à Douai grand nombre d'écoliers de la Flandre, de l'Artois et du Haynaut. C'étaient, en général, ribauds et bons vivants, aimant à rire, à boire, à fréquentant les tripots, courant les filles de joie, gars fort experts en tours et intrigues de basoche, mais disciples peu fervents de MM. des quatre facultés. Au mois de mai 1730, les dragons d'Orléans tenaient garnison à Douai; ils vivaient en parfaite intelligence avec nos écoliers, menaient bonne vie, couraient les *muchetin-pots*, et s'unissaient souvent à eux, pour faire des niches au terrible sergent de l'Université et à ses suppots. Un des dragons de ce régiment, surtout, avait su se rendre l'ami de toute la gent écolière, par son esprit original , sa gaité et son amour pour les plaisirs de la jeunesse. Il était marié , et sa femme habitait la ville de Liège. Dans un moment de dépit amoureux, il l'avait quittée et s'était enrôlé dans les dragons d'Orléans, ce dont il avait depuis grand regret. L'éloignement avait réveillé son amour pour sa moitié délaissée, une correspondance s'était ouverte entre eux , et un raccommodement s'en était suivi. Pour le sceller , la femme vint à Douai voir son mari , et les huit jours qu'elle y passa ramenèrent la lune de miel ; on s'adorait plus que jamais. Cependant Bernard ne pourrait conserver sa femme près de lui, elle devait retourner au pays de Liège. Le cœur brisé, à l'idée d'une nouvelle séparation, il flotta pendant quelques jours, incertain, entre la pensée de la suivre et à la fidélité qu'il devait à son drapeau. L'amour l'emporta ; il déserta et s'enfuit avec elle.

Sa désertion , promptement connue , fut signalée. Bientôt il est arrêté sortant de Valenciennes , se dirigeant par le Haynaut vers son pays natal. Ramené à Douai, on le traduisit devant un conseil de guerre qui le condamna à passer par les armes. En vain, sa femme poussée par le désespoir , avait imploré la clémence de ses juges ; l'inflexible discipline voulait un exemple , Bernard devait subir l'arrêt de mort..

Déposé dans la grosse tour , à gauche de la porte Notre-Dame, qui servait alors de prison militaire. Bernard y attendait , dans un état que chacun peut comprendre, l'instant fatal qu'on avait fixé au lendemain matin. Il avait reçu la première visite d'un père capucin chargé, alors, de disposer les condamnés à mourir en bons chrétiens. Toute communication avec ses amis ou parents lui était désormais interdite. Les gros verroux de la massive porte retentirent tout-à-coup brusquement dans sa prison, et le geôlier, maître Nielsolf, entra suivi de son porte clef, tenant un plat couvert et une bouteille de vin. — Allons, Bernard, il faut prendre courage, ça ne sera pas long, demain, à cette heure, tout sera fini. En attendant, les amis ne t'oublient pas. Voilà un bon poulet et une excellente bouteille de vin que les philosophes m'ont apportés pour toi. J'ai consulté M. le major de la place pour savoir ce que je devais faire, il m'a dit que je pouvais te les servir.

— Merci, je n'ai ni faim, ni soif ; mais bien froid, ces cachots sont tellement humides.....

— Par Notre-Dame, notre voisine, ceux qu'on y met ne doivent pas craindre de s'enrhumer, car ils ne toussent jamais longtemps. D'ailleurs, boire et manger, cela réchauffe.

— Allons, Dur-cuir, pose le plat et la bouteille sur le banc près de lui. Desserre ses poignets et laissons-le faire à sa volonté.

— Tu ne nous remercies pas ?

— De grand cœur.

Bernard, resté seul, continua encore pendant quelques instants le cours de ses pénibles reflexions; il se décida enfin machinalement à prendre un peu de nourritures, à faire honneur au souvenir touchant de ses amis les écoliers. Il avait déjà dépecé une partie de la volaille qu'il avait arrosée de quelques rasades de l'excellent flacon qu'on lui avait apporté. Comme il cherchait à détacher la seconde aile, son couteau glissa dans le corps du poulet et rendit un son singulier. Tout est espoir pour le malheureux si voisin du terme fatal. Il fendit précipitamment le poulet en deux, et un billet, à sa grande joie, en tomba devant lui. Il l'ouvrit avec un empressement et une émotion qu'on devine, et y lut:

« Bernard, prends courage ! demain tes amis t'at-
» tendront, lorsque tu sortiras pour aller au lieu de
» l'exécution, soit au coin de la rue de l'Aiguille ou
» de celle de la Cuve-d'Or : tu seras sauvé. Avale ce
» billet et son enveloppe et dors tranquille ! »

De grosses larmes roulèrent dans les yeux du pauvre Bernard, à la lecture de ce billet. Il s'empressa de le détruire, comme on le lui prescrivait, et acheva ensuite d'un trait le reste de sa bouteille. Peu de temps après il s'endormit, et le lendemain, lorsque le révérend père capucin vint lui annoncer qu'il fallait se préparer à marcher vers le lieu du supplice, il le trouva calme comme s'il se fut agi d'aller à la parade. Cependant, ce calme n'était qu'extérieur, car Bernard pensait que les bonnes intentions de ses amis pouvaient ne pas avoir le succès qu'ils en attendaient. L'exécution devait avoir lieu au Barlet. A dix heures du matin, le patient fut extrait de la grosse tour et placé au milieu d'un piquet de dragons. A son côté était le père capucin, portant un crucifix, qu'il lui présentait de temps à autre à baiser. Le maréchal-des-logis qui commandait le piquet tenait Bernard par les cheveux de derrière ; il avait les mains attachées avec une légère corde. Une foule immense encombrait la rue Notre-Dame ; il y régnait un morne silence qui n'était interrompu de minute en minute que par quelques sifflets assez étranges. Vis-à-vis de la rue de l'Aiguille, Bernard tremblant, tourna la tête ; mais rien ne bougea. On continuait à s'avancer au milieu de cette foule, toujours croissante et plus serrée, et dans le même silence. Lorsque le cortége fut arrivé près du Pont-des-Récollets, trois énergiques coups de sifflets se font entendre : à l'instant les écoliers se précipitent sur l'escorte, lui arrachent Bernard, après avoir coupé les cheveux par lesquels le maréchal-des-logis le tenait ; Bernard, dégagé de ses liens, est entrainé à l'égoût et disparait bientôt.

Pendant que le détachement d'escorte se démenait au milieu de la foule, qui lui criait qu'on n'en voulait pas aux dragons, qu'on ne voulait que sauver Bernard, celui-ci à l'aide de ses guides pénétrait dans le couvent des Récollets, qui, d'accord avec les écoliers, s'empressèrent de le cacher. Les dragons ne désiraient pas la mort de leur camarade , ils se contentèrent de tirer quelques coups de fusil en l'air et l'attroupement se dissipa.

Le lieutenant du roi , François Pasquier , seigneur d'Assignies, qui commandait la place, instruit de l'événement , fit à l'instant fermer les portes de la ville et ordonna que toutes les maisons voisines fussent fouillées; mais les recherches furent infructueuses puisqu'on ne put pas pénétrer chez les Pères Récollets.

Quelques jours plus tard , vers midi , plusieurs Récollets sortirent de leur couvent, traversèrent la ville, se dirigeant vers la porte Morel , qu'ils passèrent sans obstacle. Parmi eux se trouvait Bernard, vêtu du costume de l'ordre, ils le conduisirent à la frontière ; ainsi il échappa à la mort. »

L'égoût de la Cuve-d'Or , depuis ce temps , a pris le nom de *Trou Saint-Bernard*.

ÉCOLES (RUE DES).

Elle s'est nommée successivement rue des *Claquendoires* (*Femmes Bavardes*) , des *Corbeaux*, du *Four de Lambres* des *Bourloires* et enfin des *Ecoles* , à cause des colléges et maisons d'instruction qu'on y établit.

Elle aboutissait au nord à celle du refuge de Saint-Amand , que l'on a réunie à l'Arsenal vers 1820. En pénétrant dans cette rue de ce côté, sur le rang de l'est, se trouve le vaste Lycée impérial , un des plus beaux de France , et le plus heureusement situé , peut être, sous le rapport hygiénique. La ville a dépensé, il y a une dizaine d'années, plus de 500 mille francs pour sa reconstruction. Ses cours, ses jardins, son gymnase sont étendus et bien dessinés , on peut avec facilité y entretenir cinq cents élèves. Cet établissement va recevoir un nouvel accroissement par la construction d'un *petit Collége* ; une somme de 100 mille francs est affectée à cette dépense. Il est bâti, sur l'emplacement de l'ancien Collége d'Anchin. Cette maison, en exécution des lettres du roi d'Espagne, souverain alors des Pays-Bas , avait été fondée, en 1570, par Dom Jean Lentailleur, abbé d'Anchin.

L'Université avait consenti a ce qu'elle fût desservie par les Jésuites ; on y enseignait les humanités , la philosophie et la théologie. En 1765 , lors de la suppression de la Compagnie de Jésus , l'enseignement fût confié à des prêtres et à des séculiers , et on supprima celui de la théologie. L'Université ayant cessé d'être , en vertu de la loi du 8 mars 1793 , de cette époque à 1802, les bâtiments du collége d'Anchin furent presque abandonnés ; on y installa après le Lycée.

L'église du Collége d'Anchin a été démolie lors de la suppression des Jésuites. Elle avait son entrée rue du Musée , sa belle porte , en pierre bleue existe toujours. On y lit encore l'inscription, altérée par le temps :

Sacrum et terribile nomen Jesus.....

La chapelle du Lycée est très remarquable.

Au n° 32 de cette rue, Charles Boscard avait établi en 1592 , une imprimerie à l'enseigne du *Missel d'Or*.

On voit au front de la maison portant le n° 24 , un pélican. C'était l'enseigne de l'imprimeur Pierre Auroy, lequel était venu se fixer à Douai en 1596. Pierre Auroy y est mort en 1630.

La maison occupée par M. l'avocat Flamant et qui se trouve à l'angle de la rue Saint-Thomas , était en 1790 , l'habitation du malheureux imprimeur Derbaix, qui fut pendu à la lanterne dans une émeute populaire le 16 mars 1791. Cette imprimerie, appartint plus tard à M. Marlière , qui avait épousé la veuve Derbaix , elle avait eu l'enseigne de Charles Boscard, le *Missel d'Or*. Cette maison fut habitée, dans le cours de la Révolution par le fameux accusateur public Ranson et ensuite par l'honorable conseiller à la Cour M. Duriez.

En reprenant le côté ouest de cette rue , au n° 13 , habitait M. le docteur Gronnier, ancien chirurgien-major des armées sous la République et l'Empire, chevalier de la Légion-d'Honneur, adjoint au maire de Douai, ayant exercé les fonctions de maire par intérim, pendant longtemps, médecin en chef de l'Hôpital-Général, mort il y a quelques années.

Au coin nord de la rue des Bonnes, se trouvait un puits. Les maisons devant lesquelles il était placé ont été réunies depuis quelques années à la maison d'éducation dite de la Sainte-Union. Ces maisons étaient autrefois dites de Saint-Denis. Derrière elles, dans la rue des Bonnes, l'abbaye des Bénédictions de St-Omer, avait un refuge, en 1680, où furent logées des troupes à cette époque. Ce refuge était limité à l'ouest par les Ecossais.

La demeure n° 27 était vers le commencement du XVIIe siècle celle de l'imprimeur Balthazar Bellère, à l'enseigne du *Compas d'Or*, avec cette devise : *Labore et perseverentiâ* ; elle fut habitée par ses successeurs, qui y exercèrent la même profession. Deux siècles plus tard en 1839 une autre imprimerie y fut établie par le sieur Crépeaux.

Au n° 31, fut la première imprimerie de Douai. Jacques Boscard, qui prenait le titre d'imprimeur de l'Université, y avait été logé par la ville à qui cette maison appartenait. Il était venu de Louvain se fixer à Douai en 1563, protégé qu'il était par le cardinal Granvelle. Son enseigne *l'Escu de Bourgogne*, avait pour devise : *Ardet , non comburit.* Il brille , et ne consume pas.

Les ouvrages qu'il a imprimés sont en petit nombre mais remarquables par l'exécution.

Le bâtiment, affecté au service de l'Ecole d'artillerie , était jadis un pavillon nommé le *Public* , parce que antérieurement à la fondation de l'Université s'y tenaient, les écoles publiques. En 1767 ce pavillon fut remis à l'artillerie , elle y plaça son *école d'études.* Là se font les cours ; on y trouve une bibliothèque spéciale, composée d'ouvrages d'un bon choix ; des cabinets de physique et de chimie avec leurs laboratoires. Trois professeurs y sont attachés : deux y enseignent les sciences exactes ; le troisième le dessin. L'école d'artillerie de Douai est une des quatre de première classe de l'Empire.

Le deuxième imprimeur qui s'établit à Douai , Loys de Winde, en 1564, avait obtenu un logement dans ce local et y avait placé son imprimerie. Sa devise était une main soutenant une couronne de lauriers avec cette légende : *Opera et numine.* Les ouvrages sortis de ses presses se distinguent par leur correction et l'élégance des caractères. Loys de Winde était promoteur de l'Université.

De 1796 à 97, Napoléon Ier, alors lieutenant en second au régiment d'artillerie de La Fère, qui tenait garnison à Douai , suivit les cours de cette école pendant près d'un an ; il demeurait à Douai ainsi que déjà nous l'avons dit, rue du Clocher-Saint-Pierre, dans la maison portant aujourd'hui le n° 28.

Au-delà de la rue des Malvaux se trouvaient , il y a quelques années encore, des maisons particulières qui ont été démolies, et dont le terrain est aujourd'hui compris dans l'enceinte du quartier de Marchiennes. Vis-à-vis la rue du Musée, s'ouvraient , allant vers l'ouest , des écuries pour la cavalerie , qui se prolongeaient jusqu'à la rue des Wetz ; à côté de leur entrée était un puits. Ensuite venait le vieux quartier de Marchiennes. C'était l'emplacement de l'ancien collége de ce nom , qui avait été fondé en 1566 , par l'abbé de le Cambe, lequel avait eu sa sépulture dans la chapelle de cette maison. Au mois d'août 1667, ce collége avait été acheté par la ville en vertu de lettres patentes du roi Louis XIV et transformé en casernes de cavalerie. On les avait restaurées en 1820 et 1821, mais depuis 1840, elles ont été considérablement agrandies et presque entièrement reconstruites sur un plan nouveau et régulier.

A l'extrémité de cette rue était l'ancienne manutention des vivres de la guerre ; elle fut ensuite affectée au logement des *ouvriers* dits *d'Etat* , attachés à l'arsenal. Ces bâtiments qui fesaient retour sur la rue Gamez, ont été aussi démolis depuis pour l'agrandissement du quartier de Marchiennes.

EQUERCHIN (RUE D').

On a voulu donner à la rue d'Équerchin le nom de rue de Béthune, mais en vain ; elle est restée pour tous nos citadins et campagnards la rue d'Equerchin. Dans la première moitié du XVIIIe siècle, la porte de la ville qui a le nom d'Equerchin, était encore massive et sans élégance. De 1762 à 1769 elle a été construite, telle qu'on la voit aujourd'hui, d'après les plans de M. de Chaumont. Son architecture, de l'ordre toscan, est très remarquable à cause de sa voie torse, de sa singulière voûte semi-ovale en pierre, et de sa solidité à toute épreuve. Devant cette porte s'ouvre et se prolonge en ligne droite, la grande rue d'Equerchin, belle par sa régularité, son étendue, et les hôtels élégants qui la bordent.

A l'entrée, à droite, se trouvait autrefois un puits banal et le refuge des Bénédictins de Saint-André du Câteau. Sur l'emplacement de cette maison, M. Desmons fit élever, à la fin du siècle dernier, un bel hôtel appartenant maintenant à M. Dronsart. La maison qui le suit est le patrimoine d'une ancienne famille Douaisienne, celle Desbaux ; le dernier du nom, qui y est mort, avait été garde du corps de Louis XVI. Puis vient un cabaret avec cette enseigne facétieuse, surmontée d'un soleil : *Au plus ancien du monde.*

Un bout de rue , nommé *rue des Casernes*, conduit ensuite au quartier d'Equerchin , belle construction , élevée aussi dans le milieu du siècle dernier , par la ville , au moyen de certains octrois et de remises d'impôts que lui fit l'Etat. Les frais d'acquisition de terrains et de construction ont coûté 617 mille livres ; une partie de ces terrains appartenaient à l'Abbaye de Vaucelles , de l'ordre de Citeaux , située dans le Cambrésis. Le premier régiment qui y prit quartier fut celui de Béthune, devenu depuis régiment de Flandre. Du centre de sa vaste cour s'éleva le premier des aérostats que l'on ait vus à Douai. Le 18 avril 1786, l'intrépide Blanchard s'élança *vers le firmament*, selon l'expression du temps , à cinq heures après-midi, et descendit le soir auprès d'Amiens. La chanson faite à ce sujet disait :

> Il avait quitté la terre
> Pour aller au firmament.

En suivant ce côté gauche de la rue, nous trouvons un hôtel autrefois habité par deux hommes qui ont marqué dans le pays par les services qu'ils ont rendus et par une vie honorable. M. Martin du Nord , ministre de la justice, garde des sceaux de France, et M. Desmoutier , maire de Douai , député à la chambre des *cent jours*. La maison qui l'avoisine a eu pour propriétaire et habitant M. Delegorgue , conseiller à la Cour impériale , ancien avocat et naturaliste distingué. L'hôtel qui lui est contigu, décoré extérieurement de sveltes colonnes, aujourd'hui occupé propriétairement par M. Copineau, officier supérieur en retraite, a été construit, dans le siècle dernier, pour M. Marescaille de Courcelles, conseiller au Parlement de Flandre, mort président à la Cour de Douai. M. le comte d'Haubersart, sénateur, pair de France, ancien premier premier président de la Cour d'appel de Douai, habitait l'hôtel voisin de celui de M. de Courcelles. Cette demeure est maintenant celle de Mme Lorain, veuve de l'ancien député de ce nom, homme distingué, mort prématurément. Sur l'emplacement de la maison qui suit, occupée par Mme veuve Coutelier-Porret, et que limite à l'est une branche de dérivation de la Scarpe, se trouvait l'important refuge de l'Abbaye de Vaucelles, vis-à-vis la rue du Bloc. Au-delà du cours d'eau, où sont les curieux jardins de M. Calot et les élégantes demeures de MM. d'Hendecourt et Druon, s'élevait le séminaire provincial des Evêques, fondé en 1586 par l'Archevêque de Cambrai et ses suffragants. Un incendie arrivé le 4 mars 1637 le réduisit en cendres ; il fut rétabli ensuite et prit le nom de *Séminaire Brûlé*. Vendu par l'Etat en 1796, on bâtit plus tard sur son emplacement les charmantes habitations que l'on y voit aujourd'hui.

Reprenons du côté de l'est, le rang nord de cette rue. Toutes les maisons sont de construction presque moderne. Celle portant le n° 10 a été habitée par M. Dondeau, ancien principal du collége d'Anchin, devenu ministre de la police générale sous le Directoire. Le n° 12 était la demeure du chanoine Dion ; il y avait établi une imprimerie clandestine, dont sont sortis plusieurs ouvrages, de peu d'importance, il est vrai. M. Prost, greffier au Parlement, une des victimes de Joseph Lebon , et qui fut exécuté à Arras en 1794 , habitait la maison n° 14. Son fils est aujourd'hui premier adjoint à La Bassée. Enfin celle ayant le n° 16 , habitée par M. le président Dumont , a été la propriété de M. Pinault Des Jauneaux , président à mortier au Parlement de Flandre. Cette maison avait été occupée par le grand-père , aussi président à mortier au Parlement , auteur de l'*Histoire du Parlement de Tournai, du Recueil des arrêts du même Parlement et d'un Commentaire sur la coutume de Cambrai*, mort en 1734.

Passons la rue des Vierges : vis-à-vis cette rue , en deçà du cours d'eau était l'ancienne porte d'Equerchin en 1305. Après la rue du Bloc se trouvait le couvent des religieuses pénitentes de Saint-François ou *Capucines*. Vendu par l'Etat, en 1795 , il fut acquis par des particuliers ; plus tard , devenu la propriété de M. Bigant , il y fit contruire une élégante maison qu'a occupée son fils, ancien président à la Cour de Douai. Cette demeure est maintenant celle de M. Pruvost.

Sur l'emplacement qu'occupe aujourd'hui l'hôtel de M. Waternau , n° 60 , se trouvait en 1763 , l'habitation de M. Vernimen , président à mortier au Parlement de Douai , auteur du *Recueil des Edits , Déclarations, Arrêts et Règlement du Ressort*. La maison de M. Waternau a été habitée par M. Asselin , conseiller , et ensuite par M. Farez , ancien député au Corps Législatif et procureur-général à la Cour de Douai après 1830.

Plus haut, une petite pompe a remplacé depuis quelques années un puits banal. Auprès se trouve la plus ancienne demeure que la famille Malotau ait eue à Douai. Cette maison a été ensuite habitée par la famille Dherbais. C'est aujourd'hui la propriété de M. Trinquet-Leroy.

FERRONNIERS (RUE DES).

Elle était divisée en rue haute et rue basse. La partie haute était en 1305 la rue du *Fossé Mangart* , celle basse se nommait rue des *Draskiers* ou *Draguiers*,—des *Fèvres*.

Cette rue a été dans tous les temps industrielle et commerçante , ce que les appellations de *Draskiers* , *fèvres*, *féronniers* indiquent suffisamment. On y fabriquait principalement des armes. Celles que l'on forgeait à Douai étaient très recherchées : nulle part le fer n'était mieux ouvré et plus solidement travaillé.

Sur le côté nord de cette rue , en débouchant de celle du Palais, le nº 76 a été la demeure de Mme veuve Bis, née Richebé et de son fils Hippolyte Bis , l'auteur d'*Attila* et de *Blanche d'Aquitaine* , le seul poète tragique qui ait vu le jour dans le département du Nord, né à Douai le 29 août 1789.

Le nº 68 a été habité par un savant jurisconsulte M. Ducrez , conseiller à la Cour de Douai.

En 1503 , la maison occupée par le notaire Demont , nº 56 , était une hôtellerie, sous l'enseigne du *Pot de Cœuvre* (cuivre).

Les maisons nᵒˢ 50 et 52 ne formaient autrefois qu'une seule demeure. C'était celle où naquit le 8 avril 1762, le brave général Cambrai , mort glorieusement à la bataille de la Trébia , en chargeant avec intrépidité à la tête de sa brigade.

Passons la rue des *Huit-Prêtres*, qui primitivement était une impasse , sans issue dans la rue des Ferronniers. En 1617 , les échevins achetèrent une maison , rue des *Draskiers* , pour y ouvrir un passage au *cul de sac des Huit-Prêtres.*

Au nº 38, est né, en 1803, M. Brassart, secrétaire des Hospices, conservateur du Jardin-des-Plantes , auteur d'écrits intéressants sur les établissements hospitaliers de la cité et d'une histoire de l'illustre famille de Lallaing.

Nous traversons la rue Saint-Pierre, autrefois *Petite rue Saint-Pierre*. La rue des Procureurs, était dite alors grande rue Saint-Pierre. Au coin est se trouvait un puits.

Dans la nuit du 2 novembre 1820, un incendie considérable éclata dans la maison portant le n° 20, une dame respectable qui habitait l'étage y fut asphixiée.

Le cabaret du *Chasseur*, n° 16, jouit depuis long-temps d'une grande vogue.

Sur le côté sud, après la rue des Procureurs, le n° 35, a été la demeure d'un magistrat respectable qui a laissé dans le pays les plus honorables souvenirs, M. Lorain, administrateur du département du Nord, juge à la Cour criminelle, ensuite juge au tribunal de Lille, mort conseiller de préfecture.

Le n° 31 est occupé par M. Robert, colonel d'artillerie en retraite, commandeur de la Légion-d'Honneur, ancien directeur de l'arsenal de Douai.

Après avoir traversé l'extrémité de la rue de la Boucherie, autrefois rue *Maisiel al char*, marché à la chaire, un peu plus bas, la maison n° 59, où est placée maintenant la direction des postes aux lettres, a été longtemps une hôtellerie portant d'abord pour enseigne *la Hure* et ensuite *la Grosse Tête*.

FOULONS (RUE DES).

A l'extrémité nord de cette rue sur l'emplacement,
dit la *Croix aux Poulets*, à cause d'un calvaire en
pierre de taille, qui s'y trouvait, se tient le marché à
la volaille. Ce calvaire fût, le 29 octobre 1786, transporté à l'église Saint-Nicolas.

Elle doit son nom à des établissements industriels
qui en occupaient autrefois le côté ouest. Les Foulons
préparaient, nettoyaient les draps, ratine, serge et autres étoffes de laine, en les *foulant* par le moyen d'un
moulin, afin de les *draper,* de leur donner plus d'uni-
formité dans la texture (1).

Dès le huitième siècle la ville de Douai était renommée, entre ses voisines, par son industrie manufactu-
rière, qui avait accru sa richesse et sa population. Les
draps, les couvertures et autres étoffes de laine, em-
ployaient une quantité considérable de bras, à carder,
filer, teindre et tisser. Cette fabrication avait acquis
un tel degré de perfection à Douai, dans les XIIe et
XIIIe siècles, tant pour la solidité que pour l'apprêt,
que les draps de cette ville se vendaient en grande

(1) Les foulonneries avaient été placées de ce côté à cause du
cours d'eau qui le longe par-derrière dans toute son étendue.

quantité à l'Angleterre ; que les marchands étrangers avaient soin de mettre sur leurs enseignes : *fabrique de Douai ;* et que le 4 mai 1355 , le roi Jean, venu à Douai, reçut entre autres présents du magistrat, quatre pièces de drap , dont deux noires et deux blanches , d'une beauté remarquable.

Le drap de Douai se nommait en Italie , *duago , duagio et doagio.*

Sur le côté ouest de cette rue, après le marché aux poulets se trouve la brasserie de *la Rose* , une des plus anciennes de la ville. Au sud de cette brasserie était le *Flégard d'Enfer* , conduisant à un moulin de ce nom.

Le n° 18, pensionnat de M. Faure, fut en 1788, la demeure de M. Wacrenier, conseiller au parlement.

L'hôtel portant le n° 20, appartenait en 1560 , à M. de la Tramerie ; c'est là qu'à cette époque, on donna les premières représentations théâtrales , intérieurement ; précédemment elles avaient lieu en plein air , sur des échafauds préparés à cet effet. C'étaient des mystères , comme la création du monde , la vie et la passion de Notre Seigneur Jésus-Christ. On était admis chez M. de la Tramerie à raison de six deniers par personne , destinés aux pauvres. En 1756 — M. Dumoulin-Lecomte habitait cette maison.

Vers 1764, cet hôtel fut la demeure de M. Thomassin , maréchal-de-camp au corps royal de l'artillerie. Il

fut plus tard habité par son fils, M. Thomassin Balthazar. Administrateur des hospices, commissaire près nos
écoles académiques , conseiller municipal , cet homme
honorable fut un des fondateurs de la Société centrale
d'agriculture , sciences et arts ; il est mort en 1827 ,
l'objet d'universels regrets. Sa maison devint après
lui, celle de son neveu M. Balthazar, naturaliste patient
et éclairé , dont la digne veuve a fait au musée , le don
de belles collections d'histoire naturelle.

Le n° 22 , qu'habite M. de Meyer , président de
chambre à la Cour , a été précédemment la demeure de
M. Baumal , homme distingué , conseiller à la même
Cour. En 1582 elle appartenait à l'abbaye de Saint-
André du Câteau.

En 1752, M. Taffin, conseiller au Parlement, occupait la maison de M. Luce-Delegorgue qui porte le
n° 24.

Les demeures qui suivent sont de constructions ré-
centes. Au n° 30 habite M. Mellez-Defaúlx , ancien
adjoint au maire , ancien conseiller municipal , ancien
administrateur des hospices, ancien directeur du Mont-
de-Piété, un des hommes les plus recommandables de
la cité.

M. Fiévet , conseiller à la Cour , occupe le n° 34.
Cette demeure a été construite , partie sur l'emplacement d'un ancien passage communiquant avec la rue
des Basses dit *Flégard du Paradis* et sur partie de ce-

lui des prisons de l'Inquisition qui formaient le coin de la rue des Foulons et de celle des Basses , vis-à-vis l'abreuvoir.

En prenant le côté est de cette rue , le n° 44 est occupé par M. Serval , major d'infanterie en retraite , officier de la Légion-d'Honneur , membre du bureau de bienfaisance. C'était en 1788 la demeure de M. Canquelain , substitut du procureur-général du Parlement , frère de l'annaliste patient et érudit, professeur à l'Université.

Le couvent des Minimes dont l'entrée se trouvait dans la rue de ce nom , avait sa brasserie où sont les demeures portant les n°ˢ 23 et 25.

Ensuite s'ouvre la ruelle des *Minimes*—plus haut les impasses de l'*Evêque*, ou *à Crotte* et *du Verjus*.

GOUVERNEMENT (RUE DU).

Jadis rue *dedans la porte des Wetz, — Ricque-Rue, — du Vieux Gouvernement. — En* 1794 *, rue Mirabeau, —* rue *Marat.*

La maison occupée propriétairement , sur le côté est de cette rue , par M. Honoré (Adrien) , avocat distingué et ancien maire de la ville de Douai , était , en 1677 , le *petit refuge* de l'abbaye de Flines , et servait de résidence à madame l'abbesse lorsqu'elle se retirait à Douai. Elle fut vendue en 1779 et passa entre les mains de divers particuliers , elle fut habitée par M. Lagarde , greffier en chef de la Cour , et ensuite par M. Martin (du Nord) , mort garde-des-sceaux, ministre de la justice.

Celle des Pères Rédemptoristes était au commencement du XVIIe siècle le refuge de l'abbaye de Saint-Vaast d'Arras. La ville la prit en location en 1673 pour y loger les gouverneurs de la place ; ainsi successivement l'ont habitée MM. de Vred , marquis de St-Geniés , des Bonnets et de Pommereul. Elle l'acheta en 1677 et la fit reconstruire pour la même destination. Cet hôtel fut , en grande partie brûlé pendant le siége que la ville essuya en 1710.

En 1800 , il fut habité par M. Julien Souhait , ancien conventionnel , directeur de l'administration des domaines et de l'enregistrement. Ensuite , comme quartier-général , par le général Boyé , commandant le département , et par le colonel Lespinasse , commandant d'armes. Plus tard , il fut acheté par M. Després de Quéant , et vendu par celui-ci aux Pères Rédemptoristes, qui ont fait construire, à front de rue, au nord , une jolie petite église

Vient après, le pensionnat dit des Dames de Flines,

sorte d'école normale pour les jeunes filles. En 1788 , cet hôtel était la demeure de M. Malotau , président à mortier au Parlement de Flandre. Vers 1800 , il fut acquis par M. Fouquay , de mémoire vénérée , qui y plaça son école secondaire, la plus importante alors du département. De cette école sont sortis beaucoup d'hommes de mérite , qui se sont distingués , depuis soixante ans , dans les diverses carrières qu'ils ont parcourues. Nous citerons, eutre autres, le garde-des-sceaux Martin (du Nord) , les premiers présidents Leroux Bretagne , Nepveur et Preux ; les conseillers Dubrulle , Minart et Lagarde ; le général d'état-major De Lalande ; les colonels de Lagrange, Bourriot ; le docteur Le Glay, archiviste-général du département du Nord ; le poète Hippolyte Bis ; le statuaire Bra ; les maires de Douai, comte de Guerne et Honoré, etc.

Le n° 24 est occupé par M. Nutly (Léon) , juge-de-paix , à qui nous devons quelques pièces légères de théâtre et quelques bons écrits biographiques.

L'honorable M. Vigneron, conseiller à la Cour , habitait le n° 26.

En 1532 , l'abbaye d'Arrouaise avait un refuge à l'extrémité de cette rue sur le côté ouest , vis-à-vis la rue du Béguinage. Sur cet emplacement , vers la fin du siécle dernier , M. Caullet , peintre , professeur de notre académie de dessin , avait fait construire une jolie demeure , qui a été achetée et restaurée par M. Deloffre.

Un passage allant à la Scarpe , nommé le *Flégard du Vieux-Pont,,* s'ouvrait ensuite.

La belle brasserie de M. Honoré (Edmond) , était , en 1786 , l'habitation de M. Vanlerberghe , munitionnaire général sous la République et sous l'Empire , homme doué d'une haute intelligence pour les affaires et d'une capacité commerciale peu commune. C'était antérieurement le refuge de l'abbaye du Mont-Saint-Eloi. La brasserie a conservé ce nom.

En 1789, M. Vanlerberghe habita l'hôtel qui porte le n° 15 ; c'est là, que le 27 juillet de cette année , il fut arrêté par une populace furieuse , qui l'accusait d'accaparement de grains. Conduit à la prison de l'Hôtel-de-Ville par cette tourbe , il fut heureusement protégé dans sa marche par les officiers supérieurs de la garnison. Le 1ᵉʳ août , en vertu d'un jugement , on le mit en liberté.

Cet hôtel devint plus tard le siége de l'académie de Douai. M. Camaret , recteur , dont la mort est toute récente, et qui a laissé au milieu de nous les plus honorables souvenirs , l'habita pendant tout le temps qu'il fut à Douai.

Sur le terrain de la maison numérotée 11 se trouvait , au commencement du siècle dernier , le *grand refuge* de l'abbaye de Flines. Ce refuge fut vendu en juillet 1779 , à des particuliers , qui en firent une maison de commerce.

Au nord de cette maison se trouve un flégard , dit autrefois de la *Catoire*.

◠◠◠◠◠

JEAN-DE-GOUY (RUE).

Rue *Neuve à l'Aubel* ou *à l'Aubelet,*—rue des *Paskendales,*
—rue *Jean Bonnebroque,*—rue *Jean-de-Gouy.*

Le nom de *Paskendales* lui avait été donné à cause d'un hôpital qui s'y trouvait placé ; celui .de *Jean Bonnebroque* ensuite , de celui d'un échevin qui l'habitait et qui avait rendu de grands services à la ville ; enfin celui actuel de *Jean-de-Gouy* , comme expression de gratitude pour une des plus anciennes familles patriciennes de Douai. Jean-de-Gouy était bailli de Marchiennes , en 1632 , il avait été cinq fois échevin et deux fois six-hommes (1).

Le grand bâtiment , que l'on voit sur le côté sud de cette rue en venant de l'ouest, est l'école des Frères de la doctrine chrétienne , établie en 1818 , par les

____

(1) Les six hommes étaient des bourgeois choisis pour soigner les *ouvrages* et les *mises* de la commune. Les *mises* étaient les dépenses.

dons généreux du vénérable M. De Forest de Lewarde. Remarquons en passant qu'il est singulier qu'une institution aussi utile ait été fondée si tard à Douai, ville d'*écoles* par excellence. Cette congrégation date du XVIe siècle, elle a été créé par César du Bus, sous François Ier.

Ce local est une ancienne fondation, nommée d'abord le *Petit Saint-Jacques*, plus tard la *Maladrerie* et dans le langage populaire les *Grands Lostes*. En 1452, des bourgeois de Douai qui avaient été en pèlerinage à Saint-Jacques de Compostelle en Galice, se réunirent et formèrent entre eux une confrérie. L'empereur Charles-Quint, en 1526, les autorisa à ériger cet hôpital, avec une petite chapelle, sur l'emplacement d'une maison, donnée à cet effet par Ernould de Gouy, et destiné à recevoir les pèlerins pauvres passant à Douai. Dans cette chapelle se trouvait le chef de Saint-Loup ; au moment de la Révolution cette relique fut transférée à l'église de Saint-Pierre, où une autre chapelle, en l'honneur de ce saint, a été érigée.

La demeure de M. Déprès, juge-de-paix, était en 1721 celle d'un autre Jean de Gouy, qui fut vers 1724 se fixer à Gand. Elle fut plus tard habitée par M. Déprès, l'aïeul du propriétaire actuel, avocat éminent, mort en 1820. Docteur en droit, professeur à l'Université avant la Révolution, bâtonnier de l'ordre des avocats de la Cour de Douai, ce savant et honorable jurisconsulte a exercé sa profession pendant cinquante-sept ans , avec un zèle et un désintéressement qui l'avaient entouré d'une considération telle que sa mort fut une cause de regrets universels dans toute la cité. L'éloge de M. Déprès , mis au concours en 1822 par la Société centrale d'agriculture , a été couronné la même année : l'auteur de cet écrit remarquable est M. Preux, premier président honoraire.

Un flégard , contigu à cette maison , conduit à un canal de dérivation.

L'hôtel occupé par Mme Mention , née Michel , fille d'un ancien procureur-général à la Cour , a été habité par M. le comte Payen de la Bucquière, d'une maison anoblie en 1581 , et qui avait les seigneuries d'Escouvres, d'Emery , d'Essars , de Hautecloque et de la Bucquière.

Sur le côté nord, l'habitation de M. Proyart , notaire , est une ancienne demeure de l'honorable famille patricienne de Remy de Campeau. M. Le Serrurier , premier président à la Cour , aujourd'hui conseiller à la Cour de Cassation , l'occupait pendant son séjour à Douai.

Le n° 10 , maintenant occupé par M. le docteur Bottin , ancien chirurgien-major des armées sous la République et l'Empire , décoré de la Légion-d'Honneur , a été la résidence d'un personnage dont le nom restera longtemps en grande vénération dans la cité , M. Fouquay.

Par une singularité, en 1788, cette maison était habitée par un homonyme de l'honorable docteur, M. Bottin, procureur des ville, baillage et gouvernance de Douai.

A côté se trouve le cabaret à l'enseigne de l'*Ange Gabriel*, peut-être le plus ancien de ceux ouverts de nos jours à Douai.

L'hôtel de M. Guille a été celui d'un homme considéré dans la cité, M. Vincent, juge-de-paix, nommé à ces fonctions lors de la création de cette magistrature. Il était celui, en 1788, de M. Remy des Jardins, conseiller au Parlement.

La demeure de M. Tarlier-Delcourt, a été longtemps celle de M. Foulon, médecin, qui a laissé les meilleurs souvenirs ; elle était, en 1788, celle de M. Forceville, échevin, commissaire aux travaux. Selon la tradition, elle avait été, au commencement du XVIIe siècle, occupée par Louis Monier, seigneur de Richardin et de Castille, de spirituelle mémoire. Professeur de droit civil et canonique et recteur de l'Université de Douai, Monier a laissé des mémoires très curieux sur trois voyages qu'il a faits à Paris, comme député, dans l'intérêt de cette Université. Ces mémoires, formant deux volumes in-4°, offrent des détails des plus intéressants pour l'histoire de la localité à cette époque ; ils sont la propriété de M. le baron De Warenghien, conseiller à la Cour.

C'est dans la maison portant le n° 18 , qu'est né , en 1781 , chez son père avocat au Parlement , notre habile musicien compositeur, **M. Luce.**

Le n° 20 , en 1710 , fût une hôtellerie sous l'enseigne du *Pourcelet.*

En 1788 , dans l'hôtel de **M. Lemaire De Marne ,** demeurait **M. Deffosse ,** avocat fiscal de l'Université , jurisconsulte d'un profond savoir.

Celui occupé par **M.** le conseiller Benoist était , il y a quelques années , une crèche fondée par la loge des Francs-Maçons de Douai.

Pour ne rien omettre en souvenirs locaux , disons que la maison formant l'angle de cette rue et de celle des Ecoles était , au commencement de ce siècle , celle d'un très honnête épicier surnommé *Sèqué Prones ,* par allusion aux prunes sèches qu'il vendait : digne homme que désespéraient quotidiennement les espiègleries des écoliers.

LEWARDE (rue de).

D'abord rue et *porte Baillon,*—aussi des *Claquendoires ,*—

de la *Fausse Poterne* (1), — rue des *Blancs Rosiers*, puis des *Morts,—du Point du Jour.*

Le nom de Lewarde lui a été donné comme un témoignage de la gratitude de la cité, à cause des dons et des actes nombreux de charité qu'elle devait à notre honorable concitoyen M. Deforest de Lewarde. Les souvenirs du vieux Douai s'effacent, aussi rappellerons-nous, qu'en allant de la place Saint-Jacques, à la rue du Point du Jour, commençait à gauche la rue de l'abbaye-de-Sin, primitivement *Delmotte - Crête* ou *Crête de la Motte*, que l'établissement du chemin de fer a fait supprimer. L'abbaye de Sin suivait la règle de Saint-Augustin, l'abbesse était à la nomination du roi.

Les demeures n°s 3, 5 et 7 ont été construites depuis quelques lustres sur l'emplacement d'une partie de l'abbaye de Sin ou de Notre-Dame de Beaulieu. L'hôtel qui se trouve après, appartenant à M. le baron Frédéric de Guerne, était en 1788, habité par M. Deforest, président à mortier au Parlement de Flandre et par son fils M. Deforest de Quartdeville, avocat-général, maire de Douai, premier président à la Cour et pair de France. Il le fut ensuite par le vénérable M. de Lewarde, dont la rue porte le nom.

(1) La poterne ou porte était au sommet de la grande rampe qui conduisait au rempart.

L'hôtel contigu , aussi en 1788, était celui de M. Malotau de Guerne , président à mortier au Parlement et président de chambre à la Cour Impériale. Et puis il appartint à son fils , M le comte de Guerne , ancien sous-préfet sous l'Empire, ancien maire de Douai , membre du conseil général du département , à qui la ville est redevable de tant d'éminents services. Il est maintenant occupé par Mme la comtesse douairière de Guerne et par son fils M. le comte Romain de Guerne , conseiller à la Cour impériale , conseiller municipal et conseiller d'arrondissement.

Après cet hôtel se trouvait une, rue qui conduisait à l'ancienne rue des Canonniers , nommée rue des *Ribaulx* ou des *Ribaumés* Ensuite venait une caserne de cavalerie que l'on avait construite en 1738. Vers 1787, cette caserne fut démolie , on n'en laissa debout que les écuries , dites du *Point du Jour* , lesquelles disparurent lors de l'établissement du chemin de fer. La rampe du *Point du Jour* était sur l'emplacement de l'ancienne poterne du *Baillon.*

En descendant cette rampe du *Point du Jour* , au sud, était, dans le siècle dernier, un cimetière nommé le *Purgatoire.* Une ordonnance ayant fait défense en 1776, d'inhumer dans les églises, monastères ou terrains y attenants , les échevins en 1778 , y formèrent un *champ des morts et du repos* (1) , d'un terrain

(1) On fait dériver *cimetière* du mot grec *Koimaô* (je dors) ,

acheté des Trinitaires. Ce cimetière a été supprimé en 1793, lors de l'établissement de celui du Raquet, sis à l'extrémité du faubourg de Paris. Le *Purgatoire* devint alors un jardin potager ; ce terrain a été compris dans le périmètre de la gare et de la voie ferrée.

Après avoir passé la rue des Trinitaires, s'étendait une longue muraille qui servait de clôture aux jardins du couvent des Carmes-Déchaussés. Ces jardins sont maintenant compris en partie dans la belle promenade de la place Saint-Jacques.

L'entrepôt des sucres qu'a fait construire l'administration municipale actuelle, situé au sud de cette rue et qui borne de ce côté la belle promenade St-Jacques, fait partie de la rue de Lewarde.

LILLE ET MOREL ou MORELLE (RUES DE).

Ces deux rues réunies s'appelèrent primitivement rue du Marais ou Morel, parce qu'elles conduisaient au marais douaisien ; ensuite grande rue Saint-Jacques,

parce que selon la croyance pieuse des chrétiens, les morts y dorment en attendant le jugement dernier.

lors de la construction de l'église de ce nom, en 1224. Elles ont été longtemps *hors des murs* et faisaient partie de la nouvelle ville, qui commençait au pont Saint-Jacques, nommé pont de *la Neuville*. Lors de leur division, la partie au nord eut pour désignation. rue de *la Porte-Morelle*, elle l'avait encore en 1760, c'est la rue de Lille actuelle ; celle au sud resta avec le nom de rue Morelle. Leur point de section est la rue de l'Abbaye-de-Paix.

En entrant à Douai par la porte de Lille, remarquable construction de l'ordre dorique romain, commencée en 1774 et terminée en 1779, au bas du rempart à gauche, se trouvait une rue, dite *des Fossés ;* elle conduisait à une rampe, allant aboutir à la Tour Saint-André, qui servait de magasin à poudre. Cette our a été démolie en 1850, lors de l'établissement du chemin de fer. Sa clef de voûte, bien sculptée, en pierre blanche, portant la croix de Saint-André, avec couronne et fleurons, est déposée au Musée.

En 1760, la maison n° 44 était occupée par M. Balthazar, conseiller au Parlement. Ce magistrat fût l'aïeul d'un homme modeste et distingué par son goût pour les sciences naturelles, que la ville a perdu, il y a quelques années. M. Balthazar, membre de la commission du Musée, a donné à cet établissement, par disposition testamentaire, une riche collection d'oiseaux et d'insectes. La ville ne peut laisser dans l'oubli les noms de ceux de ses enfants qui l'ont servie et lui ont fait quelque bien.

Au n° 32 , est l'entrée du bel atelier de construction de MM. Cail et compagnie. Disons ici, que le chef unique de cette importante maison , M. Cail (Léon-François) , est né à Douai, en 1804. Connue pendant quinze ans , sous le nom de Derosne , Cail et Compagnie, outre sa grande usine de Chaillot, cette maison a fondé des succursales à Valenciennes , à Douai , à Bruxelles et à Amsterdam. M. Cail a obtenu deux médailles d'or et trois rappels aux expositions de Londres et de Paris ; en 1855, la grande médaille d'honneur , et il a été décoré.

Traversons la rue Scalfort , qui nous remémore un nom des plus glorieux , entre ceux des valeureux enfants de la cité.

Sur le terrain qu'occupent les belles habitations de MM. Lesur-Tarlier et Delorme se trouvait une dépendance de l'ancien refuge de l'abbaye de Saint-Amand. La rue qui s'ouvre après conduisait à l'abbaye de Notre-Dame-de-la-Paix, de l'ordre de Saint-Benoit.

L'hôtel qu'habite M. Camescase , procureur-général à la cour, était au moment de la révolution une des dépendances annexes du réfuge de l'abbaye de Flines.

Au n° 40 D. demeurait en 1777 , M. de Castèele , procureur-général au Parlement, et en 1789 , M. Duhamel, lieutenant-général de la gouvernance, et ensuite président du district de Douai. Il est maintenant habité par M. Morcrette, premier avocat-général.

L'hôtel occupé par M. le baron de Warenghien, conseiller à la Cour, a été élevé en 1755, par M Georges Durand, seigneur d'Elecourt, capitaine des écluses de Douai et fort de Scarpe, chevalier de l'ordre du roi. Acheté en 1780, par l'abbaye de Flines, à dessein d'en faire un refuge, on ne réalisa pas ce projet ; on le loua à M. de Ranst de Berkem, conseiller au Parlement En 1791 il fut acquis et habité par M. de Warenghien de Flory, conseiller au Parlement, puis premier président à la Cour impériale, député au corps législatif, créé baron de l'empire par Napoléon Ier.

A côté était l'ancien collége de St-Thomas d'Aquin, fondé en 1619, par les libéralités du vénérable Vanderburch, archevêque duc de Cambrai, sur l'emplacement des jardins, connus sous le nom de *grandes et petites vertes treilles*, où se cultivait la vigne. Ce local est affecté au logement du colonel commandant la place, à celui du sous-intendant militaire et de leurs bureaux.

Après se trouvait le séminaire de Notre-Dame de la Foi servant aujourd'hui de magasin des lits militaires.

La demeure de Mme veuve Leboucq de Ternas était, en 1788, celle de M. Merlin d'Estreux, conseiller honoraire au Parlement. N'oublions pas de rappeler que M. Leboucq de Ternas, mort il y a peu d'années, ancien sous-préfet sous l'Empire, a payé son tribut de services à la ville, en qualité d'adjoint au maire et d'administrateur des hospices. A la même époque, M. de Buissy, président en cette Cour, habitait la maison de Mme de Lagrange de Quéant. M. Liégard y tenait, en 1819, une école secondaire; elle fut ensuite acquise par M. Lambert, magistrat distingué, mort président à la Cour royale.

L'habitation de M. Duclerfays, ancien notaire, a été construite pour M. le chevalier de Bacquehem; elle fut, en 1791, la demeure de M. de Ranst de Berkem, dont nous venons de parler.

Après se trouvait un passage servant d'entrée au jardin de plaisance appelé le *Petit Paris*. On lisait, sur le front de la porte au fond du passage, cette enseigne rimée :

> Entrez au Petit Paris,
> Séjour des jeux et des ris,
> Vous y verrez merveille
> En vuidant la bouteille.

Les maisons, qui sont en suivant, ont été construites sur le terrain de l'ancien séminaire de St-Sauveur de Hennin fondé en 1606, par Antoine de Hénin, évèque d'Ypres, pour recevoir et instruire cinquante étudiants en théologie et philosophie. L'administration en était confiée à un gentilhomme, à un membre de la faculté des arts de l'Université et au prieur des Chartreux. Ce séminaire fut vendu par l'État en 1796.

Remontons la rue du côté-ouest.

Le n° 19 a été construit et habité par M. le comte de Montozon, ancien député du Nord, ancien pair de France, qui a laissé au milieu de nous tant d'honorables souvenirs.

Plus haut est la rue des Carmélites, dans le vieux temps, rue *Pennapel*, qui va aboutir à la rue Gamez.

La maison qui vient après la rue des Carmélites, appartenant à M le docteur Maugin, médecin en chef de l'Hôtel-Dieu, a été bâtie sur une partie du terrain de l'ancien couvent des Carmélites déchaussées. Ce monastère avait été fondé en 1625 ; il fut vendu par l'Etat le 7 septembre 1795. Les autres portions de terrain, sont du domaine de l'artillerie.

M. Thomassin, compositeur-amateur de musique distingué, auteur de quelques morceaux écrits avec beaucoup de talent, habite le n° 36.

Vient après le quartier-général du général commandant l'artillerie de la troisième division militaire. Cet hôtel fut bâtie vers 1760 et habité par M. Lamoral, doyen des conseillers au Parlement. Il avait été la demeure, avant la Révolution, de M. le marquis de Nédonchel ; acheté par M. Delfosse, entrepreneur général des lits militaires, beau-père de M. de Montozon, il fut, par M. Delfosse, revendu à l'Etat.

Au-dessus se trouvait un flégard de la ville, dans lequel en 1600, les *Petits canoniers*, dits *Verdelots*, compagnie bourgeoise de plaisance , avaient un jardin pour leurs exercices , nommé de St-André.

M. Bommart a fait construire, il y a quelques années, en face de l'établissement de M. Cail, plusieurs demeures très confortables ; l'une d'elles est habitée par M Petit , président de chambre à la Cour impériale , savant jurisconsulte, auteur de divers traités sur la science du droit.

MAIRIE (RUE DE LA).

Autrefois de la *Halle*.--En 1794, de la *Commune*.

Cette rue se divisait en deux parties ; celle située vers la place d'Armes, se nommait rue du *Pont-à-Mont*, et l'autre , descendant vers la Croix aux Poulets , depuis la rue des Minimes et celle des Procureurs , rue du *Pont-à-Val*. Les deux parties réunies prirent ensuite le nom de la Halle et plus tard celui de la Mairie.

Du côté sud, en partant de la Place, sur l'emplacement de la maison occupée par M Lecerf, chapelier et des suivantes , se trouvait jadis une hôtellerie à l'enseigne de l'*Echiquier*. Celles qui sont après ont des boves ou sous-caves, qui servaient, a-t-on dit, de refuges aux habitants, pendant les temps de siége. On trouvait de ces boves principalement aux environs du beffroi, comme rues des Minimes et des Procureurs, parce que le feu de l'ennemi pendant les siéges se dirigeait surtout vers ce monument. Sur le terrain de ces demeures était, dans le XVe siècle, le *Lourquet du Change*. Venait ensuite une prison, qui fut établie, après l'incendie de celle du *Grand Hacquebart*, située près des Minimes, lequel eut lieu le 21 mai 1708. Elle était contigue au beffroi et avait été construite sur un passage qui conduisait de la rue de la Mairie aux *Hialettes*; c'était la maison d'arrêt de la gouvernance, de la prévôté et de l'échevinage; elle le fut aussi du tribunal du district et de celui de première instance. Avant la Révolution, l'autel de cette prison renfermait des reliques des *onze mille Vierges*. Elle fut supprimée et démolie. lors de la construction de la grande maison de la place Saint-Vaast.

Sur le terrain qu'elle occupait s'est élevée l'aile droite de l'Hôtel-de-Ville. Cette importante et élégante construction, qui complète notre bel Hôtel-de-Ville et en fait un monument très remarquable, est dû à l'initiative de notre édilité actuelle. Dans l'avenir elle sera un titre d'honneur pour le chef vigilant et éclairé de notre administration municipale, M. Jules Maurice, et lui assurera, ainsi qu'au conseil, qui par un vote financier a facilité la réalisation de son heureuse inspiration, la juste gratitude de nos arrière-neveux.

Le beffroi est de date ancienne ; il avait été restauré en 1405 Un incendie le consuma le 19 avril 1471 ; les cloches furent fondues ; le feu prit aux bâtiments de la Halle, et détruisit les archives de la ville, qui s'y trouvaient déposées ; il fut rétabli bientôt après. On voyait en 1792, dans les trumeaux de la façade, qui suit le beffroi, où est l'entrée de l'Hôtel-de-Ville, les statues en pierre d'une partie des comtes de Flandre. Deux divisions de gendarmes, dits nationaux, venues à Douai, le 10 octobre de cette année, obligèrent la municipalité à faire briser ces statues. Cette façade avait été surmontée en 1733 d'un attique moderne de mauvais goût, au front duquel figurait la justice avec ses attributs. Il existait des aubettes, adossées au-devant de l'Hôtel-de-Ville ; le conseil en ordonna la démolition en 1675.

Après la rue des Minimes, en descendant de ce côté, la maison de nouveautés occupée par les beaux magasins de MM. Lemoine et Abot, était en 1728 celle de M. Brisseau, médecin des armées et professeur à l'Université, auteur d'écrits sur la médecine, imprimés à Douai et de la fameuse chanson :

Les médecins sont des rêveurs.

M. de Francqueville de Fontaine, conseiller au Parlement, l'habitait en 1752 ; et en 1788 M. le comte de la Chaussée.

Un peu plus bas se trouvait l'ancienne hôtellerie,

nommée encore en 1710 , l'*Agneau Pascal* , où naquit en 1524 , le célèbre statuaire Jean de Bologne ; son père y exerçait la profession de *cabareteur* ou hôtellier.

Sur le côté nord de cette rue , vis-à-vis celle des Foulons , étaient les grandes boucheries , bâties de temps immémorial , et reconstruites en 1682 ; elles avaient une chapelle dédiée à Notre-Dame-de-Paix. Cet édifice a été démoli , le terrain qu'il occupait forme maintenant le prolongement de la rue de la Boucherie à la Croix aux Poulets.

En remontant , une maison de belle apparence , portant le nº 70 , est aujourd'hui la demeure de M. Tailliar, conseiller, doyen des magistrats de la Cour impériale , savant auteur de plusieurs écrits remarquables. Cette maison avait été fortement endommagée par les boulets de l'armée , qui fesait le siége de Douai en 1710 ; elle fut reconstruite quelques années après. Une pierre placée sur la façade , porte le millésime de 1725. En 1789 , elle était habitée par M. Leroux de Bretagne, doyen des conseillers de la gouvernance et père de l'honorable conseiller de ce nom, à la Cour de Cassation, ancien premier président à la Cour de Douai. Elle fut acquise en 1801 par M. Tailliar , négociant , père du conseiller ; celui-ci y a vu le jour en 1803 , et n'a pas cessé depuis d'y avoir son domicile ; il est même le doyen des habitants de cette rue.

Au-dessus se trouve l'impasse , dite des Juifs, parce

que les Israélites, qui résidaient à Douai, étaient contraints d'y demeurer et ne pouvaient se loger ailleurs, jusqu'au commencement du XVI° siècle. Cette impasse avait autrefois une issue dans la rue des Ferronniers vis-à-vis la rue des Huit-Prêtres.

Sur l'emplacement des maisons, portant les n°° 16, 18, 22 et 24 était encore au commencement du XVII° siècle, la vaste demeure de la famille des Bonnebroque, une des plus distinguées de Douai. Déjà, lors de la fameuse lutte qui s'était engagée, entre les villes de Douai et Lille, le 1er mai 1284, Wautier Bonnebroque était cité comme un des plus riches commerçants de nos contrées ; il avait fait des prêts considérables en argent à la ville de Saint-Omer. Pendant plus de trois siècles les membres de cette famille ont appartenu au corps échevinal de Douai.

MALVAUX (RUE DES).

Rue des *Malenvaults*, Vauriens. — En 1794, rue *Helvétius*.

Au coin de cette rue, vers celle des Ecoles, au sud sont les bâtiments de l'école d'artillerie, autrefois nommés le *Public,* parce que les écoles publiques y étaient établies avant la création de l'Université. En descendant cette rue vers l'ouest on voyait, il y a quelques lustres, des demeures particulières, qui ont été achetées par la congrégation dite de la Ste-Union , sur l'emplacement desquelles elle a fait faire de belles constructions. La demeure n° 9 fut, en 1752, celle de M. de Rant de Berkem , avocat distingué au Parlement ; au commencement de ce siècle, celle de M. Weymel, conseiller à la Cour d'appel , magistrat recommandable. La maison qui suit servait d'hôtellerie sous l'enseigne des *Mauvais Garçons.*

Plus à l'ouest était une maison acquise aussi par la Ste-Union qu'occupait, en 1788 , un avocat distingué du Parlement nommé Lefebvre.

Sur le côté nord , entièrement clos par la muraille du quartier de Marchiennes , se trouvaient diverses petites habitations. Vers le milieu était le couvent des *Filles de la Providence ,* dit *du Bon Pasteur.* Il avait été établi , en 1680 , pour l'instruction de la jeunesse et principalement pour celle des filles pauvres ; plus tard les sœurs furent aussi chargées de la garde et de la nourriture des filles débauchées, atteintes de maladies honteuses. Les sœurs de la Providence quittèrent cette demeure , le 16 septembre 1792. Elle servit alors de maison d'arrêt pour les nobles , et ensuite pour les femmes accusées de crimes. Le 5 mai 1806 on y rétablit les sœurs, qui sont maintenant logées rue de la Charte.

Près de la demeure des sœurs de la Providence se trouvait un jardin avec quelques salles, nommé l'*Ecole de botanique et d'anatomie ou l'amphithéâtre.* On y donnait en effet des leçons sur ces deux branches des connaissances humaines. Cette école a été supprimée à la mort de M. Foulon, qui en fut le dernier professeur. Venait après une maison d'ancienne construction qu'occupait M. Panié, capitaine-commandant le Fort-de-Scarpe, et antérieurement, en 1788, son père, huissier au Parlement En remontant, une autre demeure était à la même époque celle du docte M. Guilmot, alors garde magasin des lits militaires, depuis bibliothécaire de la ville de Douai.

MARCHE DU BARLET.

En 1670, la ville ayant acheté un héritage au Barlet y fit construire des casernes, affectées au logement des troupes à cheval. Les travaux commencés en 1691 furent achevés en 1695.

Un incendie éclata dans un des locaux de cette caserne, servant de magasins à fourrages, pendant la nuit du 31 décembre 1763 Le régiment de Bourgogne qui l'occupait, aidé des habitants arrêta les progrès du feu. Un autre incendie se manifesta dans ce quartier le 19 décembre 1811, et n'eut pas de suites, non plus, grâce à la promptitude des secours. Déjà une partie du corps principal s'était écroulée en 1806, ce nouvel incendie fit décider la démolition de la caserne. On y forma la place actuelle qui fut immédiatement plantée. On établit sur une partie de cette place un marché aux chevaux et aux bestiaux. Un marché pour le charbon de bois y existait depuis le 20 mars 1777. Il y avait été formé sur la demande de M. du Muy, commandant de la province, pour empêcher que l'on continuât à déposer le charbon dans les principaux carrefours de la ville.

Pendant les jours de la fête communale les bateleurs et les saltimbanques s'y installent. Elle sert aussi d'emplacement aux jeux de balle et à divers autres divertissements.

A l'est, le Barlet est borné par le rempart ; sur le haut de ce rempart se trouvait la *Tour de Salomon,* aussi nommée *Tour des Diables.* Au bas vers le nord est l'abreuvoir dit du Barlet.

Au-dessus de l'abreuvoir, vers le rempart, existait une chapelle qui fut démolie en 1790.

Autrefois trois rues portaient le nom de Barlet.

La 1re était la rue des Clairisses, dites des *Baisse-lettes du Barlet* (filles de joie) (1).

La 2e, la rue Mongars ou du Chauffour.

La 3e, la rue à Pourchiaux ou Saint-Antoine, qui communiquait à la place par derrière le Chauffour.

La maison qui se trouve près de l'abreuvoir a été habitée longtemps par le peintre Avisse, qui a rendu un éminent service à la ville par la conservation de tableaux et d'objets d'arts des églises et des maisons religieuses pendant le cours de la Révolution.

Après cette maison s'ouvre la ruelle Pepin autrefois rue *de la Fesse* et *ruelle Peinte*.

Cette place s'est beaucoup embellie depuis quelques années par les élégantes demeures que des particuliers y ont fait élever.

Sur l'emplacement de l'hôtel n° 18, qu'a fait construire M. Malet, ancien architecte de la ville, et qu'occupe actuellement M. Locoge, avait été fondé en 1641 un petit séminaire nommé hôpital des six prêtres ou séminaire du Barlet, lequel fut vendu au moment de la Révolution.

Elle a maintenant, par l'établissement du chemin

(1) La rue des Clairisses s'est aussi nommée rue *Morienne*.

de ronde, une communication au bas du rempart avec la rue Notre-Dame.

Le 22 septembre 1833, un événement déplorable arriva au Barlet. On exécutait de grands travaux de terrassements auprès de l'abreuvoir. Le rempart était taillé sur ce point en pan perpendiculaire. Depuis quelques jours des enfants creusaient le bas du terrein pour y chercher des ossements. C'était un dimanche vers dix heures et demie du matin, tout-à-coup un éboulement eut lieu et quinze enfants furent ensevelis sous sa masse, sur ce nombre onze ne purent être rappelés à la vie.

MASSUE (RUE DE LA).

Cette rue, ainsi que celles de la Cloche, et de Saint-Samson, font partie de la route impériale, n° 43, qui traverse la ville de l'est à l'ouest et au sud. On l'a nommée d'abord rue du *Pingot*, — du *Pont-à-le-Laigne*, — du *Pont-de-Bois*, à cause du pont sur la Scarpe qui se trouve à son extrémité est, primitivement construit en bois.

Au sud-ouest du pont était autrefois un abreuvoir ou wez et un moulin, dits tous les deux *de la Massue*.

En 1503, se trouvaient encore près du pont de la Massue, des bornes en cuivre marquant la séparation de l'Empire et du Royaume.

En y pénétrant de ce côté, les maisons au nord, il y a peu d'années, arrivaient jusqu'à la rivière. L'établissement du chemin de hallage a nécessité la démolition de quelques-unes.

Une ruelle, qui allait aboutir à la rue du Pied-d'Argent, a été supprimée alors.

Dans la maison n° 10, habitait la famille Bris, une des plus importantes du commerce douaisien, dans le siècle dernier.

Plus bas, la maison faisant l'angle de cette rue et de la Petite-Place était, en 1788, une hôtellerie avec l'enseigne de la *Croix-d'Or*.

En 1780, sur le côté sud, la porte-cochère sans n° était l'entrée d'une autre hôtellerie à l'enseigne du *Croissant d'Or*, tenue par Ivoy ; elle existait déjà en 1705.

Nous traversons la Petite-Place, dite autrefois de *Douaycul*, *Douaivieil* et plus tard la *Placette*. Sur le côté nord est l'ancienne hôtellerie du *Chevalier Rouge*.

L'abbé Capelle, zélé missionnaire, doyen de Saint-Géry à Valenciennes,—auteur de plusieurs écrits ascétiques et historiques, a vu le jour dans la maison n° 4.

Sur le côté sud , au n° 1 , demeurait le vénérable M. Delcroix, ancien professeur à l'Université de Douai, successivement secrétaire-général du ministère de la justice , conseiller à la Cour de Paris , bâtonnier de l'ordre des avocats de Douai , mort maire de la ville de Douai , le 10 mai 1840 , entouré d'universels regrets.

Dans le voisinage était un hôpital fondé vers 1400 , pour sept pauvres béguines, on le nommait, comme la placette, *Douayeul* ; il fut supprimé en 1752.

<hr>

CLOCHE (RUE DE LA).

Elle s'est appelée rue du *Pont-Caffain* à propos d'un pont qui se trouvait à son extrémité ouest ; ensuite rue de la *Cloche* ; en 1794 , rue des *Canons* , lorsque les cloches furent converties en canons.

En 1788, la maison occupée par M. Pouil'e-Trinquet, était la demeure de M. de Calonne de Bilmont , chevalier d'honneur au Parlement.

La maison qui lui est contigue, au front de laquelle se voit une cloche sculptée en relief, était une ancienne brasserie portant cette enseigne, dès 1667, et appartenant à la famille Pouille.

Au n° 9, sur le côté sud, se trouve le pensionnat de jeunes filles, dit de Saint-Joseph, précédemment habité par M. le baron Aimé de Lagrange, inspecteur des gardes nationales. En 1788, il était la demeure de M. O. Farel Dufayt, conseiller au Parlement. C'est une ancienne maison de refuge de l'abbaye de Saint-Amand.

L'hôtel n° 3, était à cette époque habité par M. Duquesne, greffier en chef de l'échevinage ; il le fut ensuite successivement par des membres de sa famille. Il est aujourd'hui la demeure de M. Dubois, sous-intendant militaire en retraite.

Celui qui l'avoisine est occupé par M. Allard, ancien notaire, ancien soldat de Marengo, décoré de Sainte-Hélène.

La demeure de M. Allard était en 1780, celle de M. Taisne, docteur en théologie, doyen des chanoines de Saint-Amé ; au moment de la Révolution, elle appartenait à la famille de Franqueville.

Les murs de clôture d'une partie de l'ancien château de Douai, se trouvaient derrière ces habitations.

MINIMES (RUE DES).

Autrefois rue du *Grand Hacquebart*.

Sur le côté sud de cette rue, en quittant celle de l'Université, naguère du Mont-de-Piété, la maison de M. Stiévenart-Lasne fut, en 1788, la demeure de M. Briffault, échevin, avocat distingué au Parlement de Flandre, bâtonnier de l'ordre, docteur et professeur en droit à l'Université.

L'hôtel qui l'avoisine n° 22 est occupé propriétairement par M. Stiévenart, notaire honoraire, ancien conseiller municipal, ancien adjoint au Maire. Vers le commencement du XVIe siècle sur l'emplacement de cette demeure était un cabaret fameux, nommé le *Grand Hacquebart* (1). En 1560, les échevins achetèrent cette taverne et la transformèrent en maison d'arrêt. Dans la nuit du 21 au 22 mai 1708, un incendie y éclata : un des détenus en fut la victime. Ce feu de *méchef* (2) avait fait de tels ravages que le bâtiment ne put être conservé à cette destination. Vendu par l'échevinage, on établit sur ce terrain une maison particulière, qu'occupa M. Mahon, avocat au Parlement.

(1) On appelait *Hacquebart* une bierre faible qui tenait lieu de petite bierre, mais qui lui était de beaucoup supérieure.
(2) *Méchef*, malheur, accident.

En 1742, elle devint la propriété de la famille Becquet de la Rosière, et passa plus tard aux dames de Buissy, dont l'une était mariée à M. de Francqueville d'Inielle, président à mortier au Parlement de Flandre. Elle fut vendue le 8 fructidor an V, (août 1797), à M. le docteur Stiévenart, médecin en chef de l'Hôpital-Général de 1793 à 1810, père du propriétaire actuel. Celui-ci l'a fait presque entièrement reconstruire avec autant de confortable que d'élégance et surmonter d'une sorte de belvédère d'où se découvre un curieux panorama.

La vaste et belle demeure de M. Dumont est l'ancien couvent des Minimes. Cet ordre fut fondé par saint François de Paule en 1473, cependant les Minimes ne s'établirent à Douai que dans le XVIIe siècle. On lit dans le *Chronicon* de Navœus que la première pierre de ce couvent fut posée par le magistrat de Douai, le 16 mars 1631, et en présence de Jean du Joncquoy, abbé de Marchiennes, et de Pierre Boudot, évêque d'Arras.

Ces pères avaient eu le projet de bâtir leur église sur la rue des Foulons, mais ils y placèrent la brasserie dont nous parlons à l'article qui concerne cette rue. L'église fut édifiée au centre du terrain. Elle était d'un goût moderne, d'une belle architecture et richement décorée. On y voyait des monuments funéraires, et entr'autres beaux tableaux, celui de Lernould, offrant la présentation de la Sainte-Vierge, qui se trouve maintenant sous le dôme de l'église Saint-Pierre.

En 1787 , une grande solennité avait eu lieu dans l'église des Minimes pour la béatification de deux religieux de cet ordre.

L'entrée du monastère de ce côté était peu remarquable , ce n'était en 1790, qu'une simple porte, sur laquelle on voyait les armes de l'ordre des Minimes ; le mot *Charitas,* en lettres d'or, entouré de rayons de même en champ d'azur.

Cette maison , vendue par le domaine de l'Etat , le 24 février 1792, fut achetée par M. Dumont (Augustin) , notaire, homme doué d'une haute capacité pour les affaires. Peu de notaires à Douai ont exercé leur profession pendant aussi longtemps que lui , il fut en fonctions durant 41 ans, de 1777 à 1818 ; il fit partie du conseil municipal pendant quelques lustres. M. Dumont vint habiter les Minimes bientôt après qu'il les eut achetés. En 1838 cette demeure devint celle de son fils, ancien notaire, ancien conseiller d'arrondissement. Celui-ci y fit exécuter des travaux et des embellissements considérables. Ayant acquis , alors , une maison voisine de l'entrée , M. Dumont construisit l'élégante porte extérieure qui décore cette belle habitation.

Après l'hôtel de M͏ͬ. Dumont s'ouvre la ruelle des Minimes primitivement nommée du *Grand Hacquebart* et ensuite des *Prisons.*

Le caveau douaisien, société bachico-lyrique connue

sous le nom des *Enfants de Gayant*, a tenu ses séances, dans la maison n° 19, où était alors le restaurateur Canillot.

L'extrémité de cette rue de ce côté comprend une partie des bâtiments de l'Hôtel-de-Ville, partie qui fut reconstruite en 1819, telle qu'on la voit de nos jours.

PALAIS (RUE DU).

Rue de la *Sannerie*,—du *Coppenage* (1),—*Basse-Rue*,—du *Département*,—de la *Préfecture*.

Le côté ouest de cette rue est en grande partie occupé par le Palais-de-Justice. Ce bel édifice a été élevé sur l'emplacement du refuge de l'abbaye des Bénédictins de Marchiennes, en 1714. Louis XIV a logé au refuge de Marchiennes en 1667, et de nouveau en 1676 avec MM. de Duras et de Turenne. Avant l'établissement de ce refuge, se trouvait sur ce terrain une vaste maison, dite le *Dieu d'Amour*, et ensuite

(1) Nom d'un marché aux légumes qui se tenait à l'extrémité sud de cette rue, vers le *Maisiel à Pichons*.

l'*Héritage des Ours*. Le Palais-de-Justice , depuis sa première construction , a éprouvé de grands changements et des embellissements considérables.

La partie de ce Palais où siége aujourd'hui le Tribunal de première instance et dont l'entrée est dans cette rue, servait, en 1790 , d'hôtel au premier président du Parlement ; elle devint , en 1792 , le siége du Directoire départemental ; en 1800 , celui de la Préfecture du Nord , plus tard de la Sous-Préfecture , lorsqu'en 1804 , le chef-lieu du département fut fixé à Lille. Jusqu'en 1811 , le Tribunal civil de l'arrondissement de Douai était à Valenciennes ; cette année il fut créé un Tribunal pour Douai, qu'on plaça dans ce local.

Après le palais du Tribunal de première instance, se trouvait, en 1519 , un flégard nommé *ruelle Constantin*, enclavé dans une maison de ce nom , appartenant à MM. de Marchiennes.

Sur le terrain du flégard et de la maison Constantin a été bâtie la brasserie, appartenant à un de nos honorables concitoyens qui , par son zèle actif et dévoué , a rendu de grands services à la ville, en sa qualité d'adjoint au maire , chargé de la surveillance des travaux communaux : nous voulons nommer M. Pinquet.

Sur le côté est de cette rue , l'hôtel occupé par M. Scrive, avocat, a été élevé par M. de Backem, seigneur du Liez. Il était au commencement de ce siècle habité propriétairement par M. Dennié , administrateur du département du Nord et l'un des cinq administrateurs de la Belgique en 1794. Il le fut ensuite par son gendre, M. Gosse, membre du Corps législatif, mort président de chambre à la Cour, magistrat aussi distingué par son esprit, son savoir, que par son exquise urbanité, et l'élégance de ses manières.

PARIS (RUE DE).

Elle est formée de la réunion de deux rues, anciennement nommées rues au *Cerf* et de *Saint-Eloi*. La première devait sa dénomination à un riche particulier qui l'avait habitée ; la seconde, à une chapelle, située près le corps-de-garde de la porte de Paris, appelée primitivement porte d'Olivet, et ensuite porte Saint-Eloi, lors de la fondation de la Chapelle de ce nom. Pendant la Révolution, elle s'appela rue de *Cambrai*.

En quittant la Grand'Place, rang de l'est, sur l'emplacement de l'usine de M. Copin-Lejeune, se trouvait, au commencement du XVIIIe siècle, un vaste hôtel, nommé la maison de la *Blanche-Croix*, occupé par Melle Becquet de Moulin le Comte.

Au-dessus venait la chapelle de Saint-Jean , qui fait partie aujourd'hui de la demeure de M. Bris. Cette maison a été habitée par M. Dumoulin, homme honorable, ancien administrateur du département du Nord, législateur et conseiller à la Cour impériale de Douai.

La demeure portant le n° 27 , était primitivement nommée *Maison de la Nef.* En 1794 c'était l'auberge du *Cerf*, tenue par Vestraete.

Plus haut s'ouvre la ruelle des Archers, qui conduit de la rue de Paris au Pont-des-Récollets. En 1571 , les *Archers de Notre-Dame de plaisance*, y avaient une maison de réunion. C'était une confrérie d'arc à la main , placée sous les ordres d'un connétable et de dixainiers. Cette ruelle était attenante vers le sud au couvent des religieuses Clairisses, fondé en 1513 , par les libéralités de dame Marie de Mérode , douairière de Merkem. Ces sœurs faisaient avec beaucoup d'art et de goût, des figurines représentant des bergers et des bergères , destinées à orner des chapelles de Béthléem , que les petits enfants disposaient pour l'adoration du *petit Jésus* , principalement aux fêtes de Noël.

Le couvent des Clairisses a été vendu comme bien de l'État en 1793 ; on a formé une maison de carosserie , habitée longtemps , par un notable douaisien , appelé Craisme , de spirituelle mémoire. On trouve après la rue des Clairisses , qui conduit au Barlet ; ensuite la vieille auberge du *Mouton Noir*. Le n° 74 , qu'occupe maintenant M. Farez, ancien représentant, conseiller à la Cour impériale, a été habité par un homme respectable , M. Evain, ancien colonel d'artillerie , directeur de l'Arsenal , mort maire de Douai , après en avoir exercé les fonctions , avec une grande distinction , pendant plusieurs années. M. Evain a été le fondateur de l'Association Douaisienne de la Légion d'Honneur et de la Société des secours mutuels , si éminemment philanthropique. A côté de cette demeure, se trouve la poste aux chevaux , établissement important , avant la création du chemin de fer du Nord. Ensuite la rue *Mongars* , nommée , par corruption , rue *Mongat*, et dans laquelle est un four à chaux qui existait déjà, il y a deux siècles et demi.

Plus au sud on rencontre la rue Saint-Antoine, jadis ruelle à *Pourchiaux*. C'était un impasse , qui n'a été ouvert que depuis quelques années. Elle avait été ainsi nommée , parce qu'une confrérie, dite de St-Antoine , y tenait des porcs qu'elle engraissait, et qu'elle vendait ensuite à son profit. Ces animaux étaient les seuls de l'espèce , a qui on accordât le droit de parcourir les rues ; on ne les laissait aller sur le marché aux grains, qu'après que la cloche du *resson* (goûter) avait sonné. Ces porcs ayant mutilé plusieurs enfants , dans leurs parcours , il fut défendu en 1621 , de les laisser sortir de la ruelle à *Pourchiaux*.

Sur l'emplacement du corps-de-garde s'élevait la

chapelle dite de Saint-Eloi, dont nous avons parlé plus haut, et qui fesait partie des dépendances du chapitre de Saint-Pierre.

La porte de Paris, ainsi nommée depuis 1815, auparavant dite de Saint-Eloi, a été construite en 1577. Elle était surmontée d'un bâtiment, dans lequel se trouvaient les engins pour la manœuvre de la herse (1). Ce bâtiment a été démoli, il y a quelques années.

En 1787, sur le plan du fameux général baron de Tott, lieutenant de roi à Douai, un sieur Damase éleva un kiosque ou guinguette turque au sommet de la montée du rempart de la porte de Paris, à l'ouest. Cet établissement, disparu depuis longtemps, a aussi été nommé *Vauxhall* et *Café Chinois*.

La première maison au sud, sur le côté ouest, habitée aujourd'hui par M. Théry, juge-de-paix, fut la demeure d'un homme estimable et qui jouissait à Douai, d'une bien juste considération, M. Pilate-Prevost, secrétaire en chef de la mairie pendant de longues années. Administrateur-trésorier de la Société de secours mutuels, M. Pilate a mérité la gratitude de cette Société par son zèle, son dévouement et son désintéressement. Comme témoignage de leur reconnaissance, les membres de cette association, lui ont fait élever,

____

(1) Les herses étaient de lourdes grilles en fer, ou un système de pieux, qui glissaient dans des rainures pratiquées aux parois des murailles.

du produit d'une souscription , un monument de fort bon goût, au cimetière commun.

Dans cette maison , était né le 13 juillet 1767 , Pierre-François-Joseph Durutte , comte de l'Empire , général de division , grand-officier de la Légion-d'Honneur , chevalier de St-Louis et de divers ordres étrangers , dont le glorieux nom est inscrit sur l'arc-de-triomphe de l'Étoile. Ce n'est point ici que nous rappellerons les nombreux et beaux faits d'armes qui ont jeté tant d'éclat sur sa vie. La ville de Douai a voulu honorer sa mémoire en décorant une de ses rues nouvelles, du nom de Durutte.

Au n° 120 est morte en 1801 , Marie-Florence Ladérière, veuve Cochon, âgée de 106 ans. Elle avait, à ce grand âge, conservé toutes ses facultés intellectuelles et dirigeait encore en personne l'hôtellerie dont elle était la propriétaire. A la célébration de la fête de la vieillesse le 27 août 1799 , Mme Cochon figurait sur un char triomphal.

Passons la rue Obled. Voici le Jardin du Nord, tenu par M. Delporte , créé par M. Magin , son beau-père : c'est le *Tivoli* douaisien. Il se trouve sur l'emplacement de l'ancien couvent de Sainte-Agnès , fondé en 1580 , pour l'instruction de jeunes filles et principalement de celles des pauvres , il fut vendu par l'État le 26 mai 1796.

L'institut de Sainte-Agnès, — on l'appelait ainsi, —

était régi par une loi commune dont , les extraits qui suivent, donneront une idée :

« On ne recevra autres filles pour demeurer en la-
» dite maison , que celles qui seront en *virginité*, de
» bonne fame et renommée, et qui auront bon désir et
» ferme propos de garder les commandements de Dieu
» et de notre mère la sainte église...

» Toutes se garderont soigneusement d'oisiveté ,
» curiosité , mensonges , impatiences , paroles mal-
» séantes et de tous autres péchés , *tant qu'elles*
» *pourront.*

» Elles iront à confesse une fois la semaine et tien-
» dront au même confesseur , qu'elles pourront choi-
» sir , sans courir à divers , ce qui serait signe de
» curiosité , inconstance , légèreté , soupçon ou dire
» conscience moins tranquille , ouverte , ronde et sin-
» cère, etc. »

La maison de M. Oscar Becquet de Mégille, n° 80, a été construite dans le siècle dernier, pour M. Rémy de Cantin, qui l'habitait. Plus tard elle fût occupée par l'honorable M. Becquet de Mégille , dont le nom est encore en grande considération à Douai. M. Becquet a été successivement , adjoint au maire , maire , sous-préfet de Douai. Pendant douze ans il a exercé les fonctions de maire , avec un zèle infatigable et un dévouement à la cité qui, jamais ne se sont démentis.

Le n° 62 a été, pendant tout le cours de sa carrière,

la demeure du laborieux et exact chroniqueur douaisien , le vénérable M. Plouvain , successivement conseiller à la gouvernance avant 1790 , juge au tribunal
criminel du département du Nord, conseiller à la Cour
impériale etc. Les écrits et manuscrits de M. Plouvain
sont nombreux et tous se rattachent à l'histoire de la
contrée et de sa ville natale, pour lesquelles il était animé d'un vif sentiment d'amour.

L'étroit passage qui se voit après sert d'entrée à la
ruelle des Arbalétriers , qui va de la rue de Paris à la
place Saint-Nicolas (1).

Vis-à-vis la ruelle des Arbalétriers se trouvait la
porte au Cerf de l'ancien Douai.

Nous passons la rue de la Comédie.

On trouvait plus bas et à côté de la porte des Halles,
avant la Révolution , une hôtellerie , nommée la *Cour
de France* , et qui existait déjà en 1403 , d'après un
titre que nous avons eu entre les mains.

L'entrée des Halles a été reconstruite en 1822 ; la
maison voisine à gauche de cette porte était en 1519
la chambre des neuf hommes ou des égards aux draps,
la fabrication de ces étoffes avait alors une importance
considérable à Douai.

(1) Nous avons parlé plus haut de cette ruelle.

PLACE (GRANDE).

Cette place a été nommée successivement *Marchiet, Marqué, Grand Marché ;* sous Louis XIV, Place d'Armes ; *Place de la Révolution* en 1794 ; enfin *Grande Place.* Dans son origine , elle était presque bornée à l'est par les murs d'enceinte de la ville , puisque la porte , dite du Marché , se trouvait sur l'emplacement du Pont-des-Récollets. Le courant qui passe sous ce pont formait un des fossés extérieurs de Douai. A l'ouest, elle s'étendait jusqu'à la rue du *Pont-à-Mont ,* qui était la partie haute de la rue de la Halle ou de la Mairie. Au nord et au sud , elle avait les proportions présentes, mais les bâtiments étaient tout-à-fait irréguliers. A l'extrémité sud se dressait une grande croix en pierre, auprès de laquelle se faisaient certaines exécutions de la justice. A l'angle nord-ouest, en 1605 , on avait établi un fort beau puits ; il a été couvert en 1815.

Avant de la décrire dans son état actuel , disons un mot des événements dont elle a été le théâtre.

C'est sur cette place que se trouvaient les principales hôtelleries de la ville. Voici l'indication de celles dont nous avons rencontré la trace :

1439. Hôtel de la *Tête-d'Or.* Madame de Charolois,

fille du roi de France , Charles VII , étant arrivée , le 7 juin 1439, descendit, avec sa suite, dans cet hôtel.

1470. Hôtel *Verd* ou *Vert Hôtel,* où descendit Marguerite d'Yorck, épouse de Charles-le-Téméraire , duc de Bourgogne et comte de Flandre ,—entrée de la rue de Bellain.

1516. Hôtellerie *de la Bretèque.*

—   Taverne *du Heaulme* (1).

1741. Les officiers de la maison de Louis-Philippe d'Orléans , lorsqu'il vint à Douai assister à la procession le 15 juin , furent logés aux hôtels de la Place , suivants :

> Le *Grand Cerf ,*
> Hôtel de *Versailles ,*
> Le *Barillet* (2) ,
> *Saint-Martin.*

En 1742 , le duc de Chartres descendit à l'hôtel du *Cygne.*

Lorsque l'on devait punir une personne coupable d'adultère , c'est sur cette place qu'elle recevait son châtiment. Un tonneau défoncé d'un côté et percé de l'autre, de manière à laisser passer la tête , était posé comme un vêtement sur les épaules du patient ; il y

(1) *Heaulme,* casque.
(2) *Barillet,* tonnelier.

était fixé au moyen d'une planche à coulisse qui emboîtait le cou ; on faisait faire ainsi , au coupable , plusieurs fois le tour de la croix de pierre qui se trouvait au haut du Marché. Le 8 juin 1630 , un homme marié subit cette peine ; il fut suivi , pendant le cours de sa promenade autour de la croix , par la fille sa co-accusée.

Autrefois, on plantait sur cette place , à l'époque de la foire de la Saint-Remi , un grand et bel arbre que l'on nommait le *Banibau* , ou l'arbre des bannis (1). Pendant qu'il demeurait debout , les bannis avaient la liberté de rentrer en ville et d'y rester. Afin qu'ils soient informés qu'ils pouvaient profiter de cette liberté pendant tel délai , on avait l'habitude de faire sonner la grosse cloche à minuit , la veille du jour où il devait être planté , et pour les avertir de sortir , la veille de sa déplantation. Cet arbre témoignait aussi , par sa présence , du droit de franchise dont jouissaient les marchands *hantant* la foire ; ce droit consistait en ce qu'ils ne pouvaient être , pendant ce temps , appréhendés au corps ou saisis dans leurs biens pour dettes, quelles qu'elles fussent.

En 1601 , lors de la publication de la paix entre l'Espagne (2) et l'Angleterre , on avait dressé le

---

(1) Par une singularité , au lieu où depuis on [a planté les arbres de la liberté.

(2) Douai alors appartenait à l'Espagne.

Banibau au milieu de la Place, afin qu'on put voir d'Arras le foyer de lumières placé à son sommet.

Cette Place a été régularisée en 1759 et 1760, au nord et au midi ; des indemnités furent alors accordées aux propriétaires des maisons qui perdirent du terrain, à cause de cette mesure.

Le 21 janvier 1794, jour anniversaire de la mort de l'infortuné roi Louis XVI, une décoration, en toile peinte, figurant un temple grec ou romain, fut dressé à l'extrémité de cette Place, près du Pont-des-Récollets, la façade tournée vers le beffroi. On y montait par vingt-cinq marches à droite, et on en descendait un égal nombre à gauche. Sur le palier, au haut des escaliers, on avait figuré un trône où reposaient les attributs de la royauté : la couronne, le manteau, le sceptre, la main de justice. Au-dessous du monument, était amoncelé du foin mouillé et une grande quantité de volumes, de planches armoriées, de dessins religieux, de nobiliaires, de livres d'église. A un signal donné, le feu fut mis au monument improvisé, et bientôt le tout fut consumé aux acclamations de la foule et et au milieu des *chants patriotiques.*

Après la mémorable catastrophe de Waterloo, en 1815, la garnison de la ville de Douai refusait d'ouvrir ses portes à quelques ramas de paysans qui venaient en demander la remise, vociférant aux pieds des remparts et insultant les braves qui la gardaient. Le peuple qui souffrait de l'état de siége, et que d'ailleurs quelques meneurs avaient excité , s'agitait dans la ville et se répandait en invectives contre la garnison. On fit conduire des pièces de canon sur la Place d'Armes , l'artillerie et les autres troupes vinrent s'y former en bataille ; le peuple alors , toujours lâchement et insidieusement poussé , ne s'en tint pas aux injures , il lança des pierres aux artilleurs. Ces braves , que , depuis trois jours , on abreuvait d'outrages , que l'on contenait avec peine , se portèrent avec fureur à leurs pièces , les dirigèrent vers la rue de la Mairie où se trouvait une grande affluence d'hommes , de femmes , d'enfants. Déjà la mêche s'approchait de la lumière , lorsque le brave général Scalfort , notre concitoyen , qui commandait alors la garde nationale , s'élance , malgré la blessure qui le faisait boiter, à la bouche du canon et s'écrie : « Amis, si vous faites feu, c'est moi que vous frapperez le premier. » Cette action hardie et généreuse fit descendre dans l'âme des artilleurs des sentiments de compassion et de générosité , et une guerre civile intérieure fut étouffée.

Entre les scènes diverses dont la Place d'Armes a été le théâtre, nous avons choisi les deux précédentes, parce qu'elles rappellent la physionomie de certaines époques

Au milieu de cette Place furent plantés en divers temps depuis 1792 , des *arbres* dits *de la Liberté*. Ce fut le 29 avril que brilla le premier. D'autres parurent successivement les 30 novembre 1793, 5 mars 1797 et 20 mars 1799 ; le dernier fut dressé en 1848. *Sic transit...*

Parcourons maintenant la Place en suivant l'ordre méthodique de ses numéros, et en partant de la maison de M. Coulmont, orfèvre, n° 1.

Vers 1770 , vis-à-vis celle qu'occupe aujourd'hui Mlle Dieulot, se réunissaient tous les jours à midi les amateurs de nouvelles : ce lieu avait été nommé l'*Arbre de Cracovie*, à cause des mille absurdités ou conjectures qui chaque jour s'y produisaient. A cette époque les belliqueux nouvellistes firent établir un méridien au front de cette maison , qui était celle d'un libraire nommé Delannoy. Le méridien avait été calculé par M. Oberlin , professeur de mathématiques de l'Ecole d'artillerie , et peint par M. Caullet, professeur de l'école municipale de dessin.

Un autre méridien fut placé plus tard sur le haut de la maison portant le n° 15 , et habitée par M. Champeau. Aujourd'hui *Café des Mille Colonnes.*

Nous trouvons ensuite l'impasse *dit* ruelle de l'*Etoile* , d'abord nommée ruelle du *Saint-Esprit* , et ensuite de *Saulcy.* Puis un bel hôtel où pendant de longues années se trouva la poste aux chevaux. C'est là que s'arrêta Napoléon Ier , le 31 août 1804 , allant d'Arras à Bruxelles , et où il fut complimenté par les autorités ; il était accompagné du prince Eugène Beauharnais et du maréchal Mortier , duc de Trévise.

Cet hôtel était habité au commencement de ce siècle par M. Michel, savant magistrat, qui fut plus tard procureur-général à la Cour impériale. C'est dans cette demeure qu'est né son fils, aujourd'hui conseiller honoraire, auteur d'une bonne histoire du Parlement de Metz. Elle est occupée maintenant par M. le baron Duchambge de Liessart.

Au coin de la rue des Fripiers, n° 35, on voit une niche dans laquelle se trouvait une statuette de Saint-Roch, la plus ancienne peut-être posée pour ce saint à Douai. On lit encore au front de la maison : *Anna Joseph,* — 1753.—*Ihs Maria.* Cette niche était consasacrée à Saint-Roch, parce qu'il était le patron des fripiers.

L'hôtel, décoré d'une belle porte en fer à jour, occupé par M. Pierre Bonte, banquier, est l'ancien local où a siégé jusqu'en 1790 la *Prévôté de Douai*, sorte de tribunal inférieur, qui connaissait des contraventions, et de la contrainte par corps, seulement pour l'exécution. Le dernier prévôt qui ait habité cet hôtel était M. le prince de Ghistelles-Richebourg, grand d'Espagne de première classe, etc.

Au mois d'octobre 1793, l'autorité municipale y avait logé militairement le fameux général Dufraise, ancien comédien assez médiocre du théâtre Montansier, improvisé général en quelques mois. C'est là que, de concert avec le représentant Isoré, il dressa une liste de proscriptions sur laquelle figuraient plusieurs de nos concitoyens et d'habitants du département du Nord. Quelques-uns furent incarcerés , d'autres moururent sur l'échafaud révolutionnaire. Rappelons, en quelques lignes, un fait qui honore la mémoire de M. le baron de Warenghien , dont la perte douloureuse est encore récente. En sa qualité de commissaire de guerres, il assistait à un diner que le général Dufraise offrait aux autorités. Il apprend là que l'ordre est donné d'arrêter à Cassel M. Lenglé , subdélégué de l'intendant. Mu par un sentiment d'humanité, il sort , sous un prétexte quelconque , et fait partir à franc-étrier un courrier porteur du conseil à M. Lenglé de se sauver Malheureusement M. Lenglé n'eut point égard à ce avis. Arrêté le lendemain , il fut conduit à Paris , condamné à mort et bientôt après exécuté.

La demeure n° 47 est celle du respectable M. Bommart-Paix, qui a rendu de nombreux services à la ville dans diverses fonctions gratuites.

La demeure de M. Trinquet, notaire , était en 1800 le siége de l'imprimerie de M. Amable Wagrez, qui passa ensuite à sa veuve et à son fils, et qui est aujourd'hui celle de Mme veuve Adam , rue des Procureurs.

L'hôtel n° 22, habité par M. le conseiller Grimbert, a été construit dans le courant du siècle dernier pour M. Dupont de Castille , président à mortier au Parlement de Flandre , longtemps il y a fait sa résidence.

Nous trouvons au n° 18 l'hôtel de *Versailles*, le plus ancien, après celui du *Chevalier Rouge*, entre ceux ouverts aujourd'hui à Douai.

Le 20 novembre 1797, Napoléon 1er, commandant en chef l'armée *dite* d'Angleterre, venu à Douai, logea à l'hôtel de *Versailles* et se rendit au théâtre dans un complet incognito. Il était au parterre, un bon bourgeois, son voisin, lui dit : «Le général Bonaparte est à
» Douai, il viendra, assure-t-on au spectacle. — Peut-
» être répond Napoléon.—Le connaissez-vous de vue?
» —Un peu ! »

Nous voyons ensuite le *Dauphin*. Il existait déjà comme hôtellerie en 1614, car M. Canquelain, dans ses manuscrits, dit que cette année on y montra un enfant monstrueux à deux têtes. Il a été élevé sur l'emplacement de deux anciennes auberges, ayant pour enseignes le *Caudron* et l'*Ange*. D'après des baux, en 1680, déjà le rez-de-chaussée de l'hôtel du Dauphin *était réservé pour le corps-de-garde des soldats qui s'y tenaient ordinairement.*

L'hôtel actuel, que l'on nomma depuis *Pavillon du Dauphin*, fut commencé en 1754, sur les plans de M. de Montalay. Cette construction coûta 66,860 fr. à la ville.

Avant l'établissement, rue de la Comédie, de la salle de spectacles, on y donnait des représentations.

En 1790, le tribunal *dit* de la Gouvernance, était

établi au premier étage de cet hôtel. Il a aujourd'hui diverses destinations ; il abrite le tribunal de Paix , nos écoles académiques de dessin et de musique , une école des Frères de la doctrine chrétienne ; là se trouve la prison provisoire , nommée le *violon* ; le rez-de-chaussée, sur le front, sert de corps-de-garde au poste de la Place d'Armes.

C'est à la lanterne du *Dauphin* que l'infortuné Nicollon fut pendu par la populace , en mars 1791, à la suite d'une émeute occasionnée par la cherté des grains.

En 1794 , le *Dauphin* prit le nom de *Pavillon de l'Egalité*.

Un marché au lin fût établi dans la cour de cet hôtel en 1817.

C'est au *Dauphin* , que le 15 août 1832 , furent reçus le roi et la reine des Belges , dont le mariage venait d'être célébré à Compiègne.

Le *grand-père* des Douaisiens, *Gayant*, a longtemps habité le *Dauphin* avec sa famille.

L'hôtel de *Flandre* a été construit par M. Paulée-Dervaux, qui pendant longtemps y a fait un commerce de vin considérable. Cette belle demeure fut plus tard habitée par le fastueux marquis Bruneau de Baumez , ancien procureur-général au Parlement de Flandre, et en 1810 , procureur-général près la Cour impériale. Beaucoup de nos concitoyens se rappelleront encore que ce haut fonctionnaire ne sortait de son hôtel, pour se rendre au Palais , que dans un carosse attelé de quatre chevaux fringants , avec cocher et laquais vêtus d'une riche livrée.

C'est sur cette Place que se tiennent les marchés aux grains et les deux foires ouvertes à Douai tous les ans. Autrefois on y tirait les feux d'artifice pendant les fêtes.

Depuis quelques lustres , on n'y fait plus les exécutions criminelles.

Les parades , les revues militaires ont lieu sur cette Place, qui présente un beau parallélogramme régulier , très-propre à ces exercices.

PLACE DE LA PRAIRIE.

Autrefois la *Prairie Saint-Albin* — En 1794, place de *l'Humanité.*

L'Hôtel-Dieu occupe le côté nord de cette place en grande partie. Le terrrain sur lequel il a été bâti fut donné par un sieur Pasquier-Dubois. Anne Boudens , veuve Lefranc , y fit commencer les constructions en

1627 et il fut achevé en peu d'années , au moyen du legs pieux de François Debout, chanoine de Saint-Pierre. Les échevins firent venir pour desservir cette maison des sœurs hospitalières de Valenciennes , on y soignait comme aujourd'hui les malades. En 1792 , les hospitalières quittèrent cette maison et le soin de ceux qui y étaient reçus fut confié à des séculiers. L'Hôtel-Dieu avait sainte Marthe pour patrone.

En 1764, on commença , à l'ouest de l'Hôtel-Dieu, un bâtiment destiné à devenir un hôpital militaire , et les malades l'occupèrent en 1767.

Le 13 août 1794 cet hôpital fut réuni à l'Hôtel-Dieu et les militaires y furent traités au moyen de marchés passés avec l'administration des hospices , état de chose qui se continue de nos jours.

En 1817 , on y exécuta d'importants travaux ; on reconstruisit presque entièrement la façade ; on l'agrandit du côté de la rue des Potiers , en y incorporant une maison qui était à l'angle de cette rue ; on plaça les figures en pierre qui ornent les niches de sa façade.

Un incendie considérable éclata dans cet établissement en 1857.

Vers le milieu, du côté sud de cette place, se trouvait un abreuvoir , dit *de la Prairie* , fermé par un mur d'enceinte ; il fut comblé en 1849. Sur son emplacement , concédé à des particuliers , ont été construites diverses demeures et un moulin à farine qu'alimente de ses eaux le cours de dérivation qui passe là pour se jeter dans la Scarpe.

La maison à l'est portant le n° 2 était , en 1790, la demeure de M. Eloy , doyen des conseillers à la Cour de Parlement. Ce magistrat a rempli sa charge pendant 57 ans , il en avait été pourvu en 1733. Sur le même côté se trouve l'importante brasserie de M. Butruille.

PLACE SAINT-VAAST.

Cette place se nommait , avant 1771 , l'*Allée des Soupirs*. On a écrit que ce nom lui venait de ce qu'elle était le rendez-vous nocturne des amoureux ; d'autres, ont dit que *Gayant* y avait eu sa tombe. Dans le *Gayant ressussité* , petit poëme de Séraphin Bernard , on lit :

> Et son corps avec deuil à Douai transporté
> Sur la rive de Scarpe, enfin fût inhumé.

Elle a été replantée en 1849 sous l'administration paternelle de M. Emile Leroy , maire de Douai. C'est à présent un rivage pour le chargement et le déchargement des bateaux , et une promenade agréable , quoique peu étendue. Depuis quelques années , la Scarpe qui la longe a été encaissée par un beau quai.

Le grand bâtiment qui occupe le côté nord , dont partie est maintenant en reconstruction , est l'ancien collége de Saint-Vaast. Il avait été fondé en 1619 par D. Philippe de Caverel , abbé de Saint-Vaast d'Arras. On y enseignait la théologie et la philosophie.

En 1667 , ce collége devint pour quelque temps un hôpital militaire , lorsque Douai passa sous la domina-nation de Louis XIV (1).

En 1805 , il fut vendu par l'État à M. Périer qui y établit une filature de coton. Cette propriété appartint ensuite à M. Malfait de Lille , plus tard à MM. Blot et Houdouart , qui lui conservèrent la même destination ; elle fut enfin achetée en 1859 par M. Fleurquin. La partie de ces bâtimens qui borde la Scarpe vient d'être acquise par l'Etat , pour la continuation du chemin de hallage.

L'emplacement sur lequel se trouve aujourd'hui la prison fesait autrefois partie de la maison de Saint-Vaast. On le nommait le nouveau collége. Une voûte sous laquelle se trouvait un passage , conduisant à la rue des Murs , unissait les deux bâtiments ; cette voûte fut démolie en 1806.

(1) En 1729 , Louis XV permit à ce collége de prendre la qua-lification d'*Académie de Saint-Vaast*.

Le ministre de l'intérieur ayant approuvé le projet de construction, sur cette partie, d'une maison de justice, les travaux en furent adjugés, en 1817, à MM. Desmarets aîné et Bommart-Déquersonnière, pour le prix de 327,163 fr. Cet édifice fut achevé en 1821.

En 1809, dans la partie sud du neuf collége de St-Vaast fut logée la gendarmerie ; les bâtiments actuels ont été construits en même temps que la prison.

A l'extrémité de cette place, au coin de la rue St-Benoit, se trouvait l'église des Bénédictins-Anglais, sous l'invocation de Saint-Grégoire. Cette église qui, au moment de la Révolution, avait servi d'écurie et de lieu de dépôt de matériaux, a été en 1811, mise à la disposition de la ville de Douai, pour l'exercice du culte catholique. Plus tard elle fut rendue aux Bénédictins-Anglais et puis vendue par eux. On la démolit alors, et sur son emplacement se sont élevées des maisons particulières.

Au coin de cette place, qui forme l'angle de la rue Saint-Benoit et de celle des Potiers, où est l'entrée de la maison de M. Leroy, existait à la fin du dernier siècle une vieille masure, où avait vu le jour dans le XIe siècle, le bienheureux Saint-Chrétien, patron des bateliers ou *navieurs* de Douai.

En 1790, on visitait encore le tombeau de ce saint homme, dans la nef principale de l'église Saint-Albin.

Le 12 mars 1622, le toit de cette église s'étant écroulé, tomba sur la boîte ou le reliquaire qui renfermait la tête de Saint-Chrétien, sans que la tête en souffrit. Le miracle fut célébré par une grande cérémonie. Le chef de saint Chrétien repose maintenant à l'église Saint-Jacques.

Le 16 septembre 1805, un marché au bois à brûler avait été établi sur cette place.

Avant la construction du quai, il y avait un abreuvoir, vis-à-vis la rue Saint-Benoit.

PLACE SAINT-AMÉ.

Si l'on en croit le père Martin Lhermite, vers le milieu du VIe siècle, une chapelle, dite la Chapelle-Rouge, existait déjà sur l'emplacement de Saint-Amé ; elle aurait été élevée par Théobald, duc de Douai, père de sainte Gertrude, et visitée par saint Amand lorsqu'il arriva dans nos provinces. Ce lieu se trouvant placé sur une éminence, défendue d'un côté par la Scarpe, abritée par le château de Douai, demeure des seigneurs parut propre à la construction d'une église. Elle y fut bâtie, et placée sous l'invocation de Notre-Dame, dont elle prit le nom. Dans le IXe siècle, les invasions fréquentes des hommes du Nord , qui venaient piller et dévaster nos contrées., obligèrent les religieux du monastère de Merville , où saint Amé avait été enterré, à se réfugier à Douai ; ils y transportèrent alors les restes de ce saint, et l'église de Notre-Dame prit le nom de Saint-Amé. Voici comment le R. P. Lhermite raconte cet événement avec sa manière naïve et toute pleine de foi :

« L'église de la Vierge (N.-D.) estoit donnée par
» S. Maurand aux religieux de Merville (1). Ils levent
» donc les drapeaux sacrés pour se transporter à
» Douay, avec une dévotion solennelle meslée de
» frayeur. La Lys coulait enflée de larmes perdant le
» gage prétieux de son apostre et patron S. Amé. Les
» chemins estoient couverts de verdures, parsemez de
» fleurs , embaumés d'odeurs, rayonnants de flam-
» beaux, que portoit la piété et accompagnoit la foule
» des peuples jusqu'a Douay , d'où le Clergé et le
» Magistrat sortit au devant avec un appareil sembla-
» ble d'étendarts , de musique et d'encens l'an 870.
» Ce fut un triomphe de dévotion en un temps épou-
» vantable ; alors que Notre-Dame du Chasteau receut
» à bras ouverts, dans son église, S. Amé, auquel elle
» céda le nom et toute la place à ses chanoines , qui
» en renouvellent chaque année la fête avec solennité
» le 10 d'octobre...... »

(1) Cette église et les propriétés qui l'entouraient appartenaient à saint Maurand, qui était de la famille des ducs de Douai.

Si l'on ne trouve pas de documents authentiques sur les premiers temps de cette collégiale, on doit l'attribuer à deux incendies qui consumèrent ses archives. Le premier aurait eu lieu en 1076 , sous Philippe Ier , roi de France , et le second le 21 juillet 1293 , sous le règne de Philippe-le-Bel.

L'église de Saint-Amé fut reconstruite à la fin du XIIe siècle ; les travaux commencèrent vers 1191. En 1771 et 1772 , le Chapître fit procéder à l'embellissement de son église, à la réparation et à l'exhaussement de sa tour qu'il fit surmonter d'une flèche, sur les dessins et la direction du frère Usmez , brigittin de la maison de Péruwelz (1). Rappelons, en passant , que toutes les maisons religieuses d'hommes avaient alors un de leurs membres versé dans l'art des constructions.

Le 17 novembre 1790 , par suite des décrets de la Convention, les scellés furent apposés par un commissaire sur le Chapître et sur toutes ses dépendances. Son prévôt était alors M. de Ranst de Berkem ; le Chapître se composait de quatre dignitaires , de vingt-un chanoines capitulaires, parmi lesquels on remarquait M. Chevalier , mort vicaire-général à Cambrai en 1819 ; M. Gavelle , mort prêtre habitué de Saint-Pierre il y a quelques années ; M. Mellez , mort maire

---

(1) Ce même religieux fut l'architecte de l'église des Dominicains de Douai.

de Douai en 1804 ; M. Levesque, mort grand-doyen de Saint-Jacques le 23 janvier 1844 ; M. Saingevin, principal du collége d'Anchin. En outre de ces chanoines, le Chapitre avait deux semi-prébendés et trente-sept chapelains ou bénéficiers, qui desservaient autant de chapelles qui lui appartenaient, tant dans l'intérieur qu'à l'extérieur de la ville.

L'église fut vendue en 1798 et démolie la même année. Pour jeter à bas la tour qui était fort élevée et dont les deux tiers étaient entièrement construits en beaux grés, on employa les mineurs de la garnison.

Comme les démolisseurs n'achetaient les églises que pour la valeur du fer, du plomb et du bois, et que les autres matériaux leur importaient si peu qu'ils les abandonnaient à ceux qui voulaient les enlever, on usa d'un singulier moyen pour avoir le clocher à bas sans prendre la peine de le démolir. On remplaça les premières assises des contreforts de la tour au ras du sol du côté où on voulait le faire tomber, par des étais de bois posés debout et qui soutenaient les masses supérieures ; on mit ensuite le feu à ces pièces de bois, et bientôt les deux tiers du clocher furent couchés à terre. Le reste fut abattu quelques semaines plus tard.

La basilique de Saint-Amé avait son entrée principale vers la rue d'Equerchin ; son maître-autel était du côté du pont des Dominicains ; elle avait aussi une entrée au sud. Son clocher était en face de la rue qui porte son nom, et il y avait encore une entrée au-dessous. L'église était donc tournée comme tous les édifices religieux du temps, d'Orient en Occident.

Plusieurs reliques précieuses étaient conservées à Saint-Amé, avec les restes de ce saint et ceux de saint Maurand, patron de la ville de Douai. On y voyait de beaux mausolées et des tableaux de bons maîtres.

Le Chapitre de Saint-Amé a produit plusieurs hommes distingués., entre autres le chanoine Azo, auteur d'un commentaire sur les œuvres grammaticales de Priscien et, dit-on, le fondateur de la confrérie des Clercs-Parisiens ; Walerand Hangouard, le premier recteur élu de l'Université de Douai ; Nicolas de La Verdure, que Fénélon se plaisait à consulter ; Bruneau de Wassignies, savant bibliophile ; enfin André Chevalier, dont nous avons parlé plus haut.

La collégiale de Saint-Amé avait des chapelles desservies par ses bénéficiers à Féchain, à Dorignies, à Furnes, à Wagnonville ; les autres se trouvaient dans la ville.

Le Chapître de Saint-Amé était fort riche, parce qu'il avait réuni, aux propriétés qui appartenaient à cette église, celles du monastère de Broyle, près Merville, dont les membres étaient venus s'établir à Saint-Amé ; il était extrêmement jaloux de ses priviléges et de ses droits. Nous n'en donnerons qu'un exemple. Au milieu du XVe siècle, les habitants d'Aubigny-le-Comte, dans le comté de Saint-Pol en Artois, avaient détruit une partie de bois peu considérable appartenant au Chapître. Plainte en fut portée et de lourdes amendes furent payées par les malheureux paysans. Ce n'était pas assez ; les chanoines obtinrent que chaque année on viendrait leur faire réparation , non du dommage qu'ils avaient éprouvé , puisqu'il était réparé , mais de *l'outrage que l'on avait fait à leur droit de propriété ;* chaque année donc, un habitant de la comté d'Aubigny venait à Douai à l'époque de la procession , à la tête de laquelle il se plaçait , portant un grand cierge allumé qu'il déposait , après la cérémonie , sur un chandelier auprès du maître-autel. Cette cérémonie se nommait la fête *de la Candouille.* Elle fut supprimée le 19 octobre 1776.

La seigneurie de Merville appartint longtemps à ce Chapitre, et la cure de son église était à la nomination du prévôt.

Il n'entre point dans notre sujet de parler des nombreux miracles qui sont arrivés à Saint-Amé ou ailleurs, par la puissance de ses saintes reliques.

Depuis le 1er mars 1802 un marché aux légumes est établi sur la place Saint-Amé.

L'hôtel sur la droite de la rue de ce nom, autrefois, rue du *Castel Saint-Amé ,* de *Douaieul ,* du *Clocher-Saint-Amé ,* s'appelait le *Funqueriau.* Il était habité en 1788 par M. de Franqueville de Fontaines , conseiller au Parlement. C'est aujourd'hui la demeure de M. Cotteau, conseiller à la Cour.   10

Celui qui l'avoisine à l'ouest était nommé la maison du *Blanc pignon*. Il a été occupé, de 1752 à 1771, par M. Vandermesch, conseiller au Parlement. Au commencement de ce siècle il devint la propriété de M. Delaëttre, président du tribunal criminel du département, mort président à la Cour ; il a ensuite été occupé par M. Dupont, premier avocat-général, de présent procureur-général à Ajaccio.

La maison qui fait le coin de la ruelle des Mourdreurs, habitée par M. le conseiller Lagarde, a été longtemps celle de son père, greffier en chef de la Cour.

Tout le côté sud de cette place, depuis la rue de la Fonderie jusqu'à celle du Four-Saint-Amé, était borné par les murs d'enclos de l'ancien Château de Douai, sur l'emplacement duquel est la Fonderie impériale. Ce château servait de demeure aux anciens châtelains et comtes suzerains de Douai. Plusieurs souverains y logèrent, entre autres Charles V vers 1360. C'était une sorte de forteresse. On aperçoit encore quelques vestiges de ses murailles de défense vers l'est-sud.

A l'est s'ouvrent la rue du Four-Saint-Amé, celle du Pont des Dominicains et ensuite la ruelle à degrés de la fontaine Saint-Maurand.

Sur l'emplacement des habitations de MM. Dupire et Saudò-Facon se trouvait l'ancienne *Tour du Châtelain* ou *des Creux*, qui servait de prison au suzerain. C'est dans cette prison qu'on renferma les Templiers lorsqu'ils furent arrêtés en 1307 , sur l'ordre de Philippe-le-Bel. Selon les chroniqueurs , Charles-Quint , abusant de la crédulité du peuple , pour donner plus de crédit à la fable de *Gayant* , aurait envoyé secrètement des os de baleine à Douai, qu'on aurait déposés dans la Tour des Creux , et que l'on aurait retirés plus tard, en disant que c'étaient ceux de Jehan Gélon ou Gayant.

En 1584 , un hôpital des *Orphelins* fut établi dans cette maison , en exécution du testament de Gérard Normand. Les bâtiments et tout le terrain dépendant de cet hôpital ont été vendus en 1794 et 1795. On n'y recevait que les enfants orphelins de père et de mère , nés à Douai et âgés d'au moins six ans. Derrière ces demeures sont des restes de vieilles murailles de défense

PLACE SAINT-JACQUES.

En 1800 , place de la *Colonne Départementale*. — *Place des Victoires* en 1801.

A l'extrémité est, se trouvait primitivement une chapelle consacrée à Saint-Nazaire , qui fût en 1250 , transférée rue du Mont-de-Piété. Dans le même temps on y fit construire une église, sous l'invocation de Saint-Jacques, parce que le terrain sur laquelle elle était élevée avait été donné par un riche particulier de Douai, nommé Jacques Painmouillé. L'étendue de la paroisse nouvelle dépendait, avant sa création, de celle de Saint-Pierre, *hors murs*. En 1630, le chapitre de cette collégiale fit la cession de la curé de Saint-Jacques à la congrégation des prêtres de l'oratoire de Saint-Philippe de Néry, qui ensuite a été réunie à celle de Jésus. En 1790, la cure de Saint-Jacques appartenait encore aux religieux de l'oratoire. M. Primat, mort sénateur, archevêque de Toulouse, prêtre de cet institut, était alors curé de Saint-Jacques, comme nous l'avons dit précédemment.

En 1791, Saint-Jacques devint une des trois paroisses de la ville. Lors de la suppression du culte en 1793, cette église servit d'écurie pour les chevaux de troupe. Par arrêté du 27 avril 1794, elle fut affectée à l'entrepôt des grains destinés à l'approvisionnement de Paris. Elle fut vendue par l'Etat en 1798 et démolie en 1800

On en forma une place sous le nom de la *Colonne Départementale*, à cause d'un monument qui ne fut jamais achevé et dont le préfet posa la première pierre le 14 juillet 1800. Par suite des victoires des armées de la République elle fut nommée, en 1801, *place des Victoires*. On y établit plus tard le marché aux légumes et, pendant les fêtes publiques divers jeux ou divertissements entre autres le jeu de balle, tant en faveur autrefois. En 1846, des fouilles, pratiquées sur le terrain de l'église et du cimetière, ont mis à découvert quelques pierres tumulaires et des débris de monuments funéraires que l'on a déposés au Musée.

Enfin son emplacement fut compris dans la belle promenade qui s'étend aujourd'hui de la rue Saint-Jacques au rempart ; l'élégant kiosque, où la musique des corps de la garnison donne ses concerts pendant le cours de la belle saison, occupe la place du maître autel de l'église détruite.

A l'extrémité est-sud, se trouvait en 1790, un séminaire dit *Hôtel des Nobles*. Il avait été fondé en 1666, par les libéralités d'Antoine de Mundé et de son épouse, et destiné à recevoir les enfants de pauvres gentilshommes, nés dans les dix-sept provinces des Pays-Bas, qui voulaient suivre les cours de l'Université. En 1792, cette maison fut dénommée *Séminaire de l'Egalité* ; elle fut vendue par l'État en 1794. Sur son emplacement sont aujourd'hui, partie de l'hôtel de Mme veuve Bommart-Déquersonnière et une école particulière d'équitation.

Au côté nord le grand établissement qui se trouve maintenant à la disposition des états-majors de l'artillerie et du génie, est l'ancien *Collége des Anglais* ou *Collége du Pape*. Nous en parlerons avec quelques détails parce qu'ils sont restés jusqu'ici peu connus.

Ce collége avait été fondé, dans le milieu du XVIe siècle, par le célèbre cardinal Allen, il y professa pendant plusieurs années. Le pape Grégoire XIII (1) et Philippe II, roi d'Espagne avaient contribué à son établissement. Il était destiné à former des prêtres, pour aller combattre l'hérésie et travailler au rétablissement de la foi catholique en Angleterre. Les missionnaires sortis de cette maison ont partout déployé le zèle le plus ardent et le plus apostolique. Dans l'espace de moins de cinquante ans, cent neuf élèves de cette maison moururent victimes de leur dévouement à la défense de la foi.

Louis XV ayant, par lettres-patentes de février 1755, confirmé cet établissement, il fut décidé qu'on le rebâtirait, attendu qu'il ne présentait ni la commodité ni la solidité que l'on pouvait désirer, ce qui fût exécuté. M. Boulé, père de l'ancien architecte de la ville, sous la direction d'un ingénieur anglais, fut chargé de cette reconstruction. Le collége n'était remarquable jusqu'alors, que par la commodité qu'offrait sa distribution et par son beau réfectoire. La maison étant trop pauvre pour exécuter cette reconstruction de ses deniers, un appel fut fait aux riches particuliers de la Grande-Bretagne, appartenant à l'église romaine ; ils y répondirent généreusement. Pour perpétuer le souvenir de leur gratitude, les membres

____

(1) C'est pourquoi on le surnommait *Collége du Pape.*

du Collége Anglais, arrêtèrent que les armes et les noms de leurs bienfaiteurs seraient sculptés et placés à l'intérieur de cette demeure. Dans la cour , qui se compose de trois ailes d'un parallélogramme régulier , au milieu des trumeaux séparatifs de chaque croisée du second étage , on remarque de belles pierres blanches d'une assez grande dimension , sur lesquelles se trouvent les 'races d'armoiries mutilées par le marteau révolutionnaire ; c'est sur ces pierres qu'étaient les noms et les armes des bienfaiteurs du Collége.

Sa petite église était sous l'invocation de Thomas Becket, archevêque de Cantorbéry. On y voyait un bel orgue et un grand nombre de reliques ; entre autres la haîre que portait Thomas , et le chapeau rouge du cardinal Charles Borromée , archevêque de Milan ; on les plaçait aux solennités sur l'autel , dans des reliquaires d'argent. Cet établissement possédait deux bibliothèques riches-et curieuses, qui contenaient presque tout ce qui avait été écrit pour ou contre la réforme en Angleterre ; elles comprenaient de 5 à 6000 volumes.

Entre les hommes remarquables qui ont fait leurs études au Collége des Anglais, par une singularité , on compte le célèbre acteur John Kemble, dont le père était catholique.

A la Révolution française, les Anglais évacuèrent cette maison. On y forma alors un cercle constitutionnel qui plus tard se transporta rue Saint-Thomas. Peu après cette partie fut occupée par divers fonctionnaires publics qui s'y logèrent gratuitement avec leurs bureaux (1). Le reste des bâtiments ainsi que la chapelle furent convertis en salles pour un hôpital militaire. Le 17 septembre 1801, la remise du collége fut faite aux anglais, c'était au temps de l'armistice, qui suivit la paix d'Amiens. Ils le louèrent à des particuliers qui en firent une filature de coton. En 1834, les anglais vendirent ce bâtiment à l'État, et depuis on l'affecta au service des deux armes spéciales.

Le savant et respectable M. Guilmot, bibliothécaire de la ville de Douai, a longtemps habité le nº 29.

M. Lenglet, conseiller à la Cour, représentant en 1848, demeure au nº 31.

~~~~~~

PLACE DU TEMPLE.

Aussi nommée le *Petit Polygone.*

En 1155, Thierry d'Alsace, comte de Flandre, sur un terrain que rendaient marécageux les débordements

---

(1) Parmi ces fonctionnaires se trouvait le fameux Hentz, le conventionnel, alors receveur des domaines et de l'enregistrement.
~~~~~~

de la Scarpe , fonda une maison de l'ordre du Temple, à laquelle fut donné le nom de Notre-Dame. Il la dota de biens situés à Sin-le-Noble et de plusieurs droits féodaux. Elle reçut de Philippe d'Alsace , son successeur , d'autres biens et rentes à Douai et sur plusieurs villages de la contrée. Cette communauté était en pleine prospérité, lorsque les frères de la milice du Temple furent arrêtés le 7 octobre 1307, sur l'ordre de Philippe-le-Bel et enfermés à la vieille tour. On leur intenta un procès, ainsi qu'à tous les autres Templiers de France. Heureusement ceux de Douai échappèrent aux bûchers ; au mois de mai 1309 on leur rendit la liberté.

L'ordre du Temple avait été établi en 1118 par Hugues de Payens ou de Paganis, de l'illustre maison des comtes de Champagne. Il était à la fois religieux et militaire. Entièrement consacré à la défense de la Terre-Sainte , il s'engagea à combattre les infidèles et les ennemis de la Foi, à protéger les pèlerins contre les attaques des barbares de la Palestine ; à soulager les malades , à porter secours aux voyageurs chrétiens et à donner aux morts la sépulture.

Son étendart était mi-partie noir et blanc, il s'appelait le *Beaucéant*.

Sa devise était :

Non nobis , Domine , non nobis sed nomini tuo da gloriam.

Son sceau avait pour légende : *Sigill...uun militum Christi*. Il représentait un cheval monté de deux cava-liers, afin de perpétuer le souvenir de sa pauvreté, car au commencement de l'institut, les frères n'avaient qu'un cheval pour deux.

Lorsque les Templiers n'étaient point en guerre, ils portaient l'habit et le manteau blancs et une croix en drap rouge, sur le côté gauche du manteau.

L'ordre du Temple avait acquis la plus grande splendeur, par sa valeur, ses lumières, les donations qu'il avait reçues et par d'habiles spéculations. Ce que l'on ignore généralement c'est que les Templiers ont joué un grand rôle dans l'histoire financière du moyen-âge ; c'est que ces vaillants défenseurs de la Croix, ces grands civilisateurs ont été les fondateurs du cré-dit, les propagateurs des lettres de change, lorsque les juifs, persécutés, les eurent créées ; c'est qu'ils furent, comme nous l'avons écrit ailleurs (1) les in-venteurs du transport de toutes les valeurs métalliques par leur représentation en papiers. Et ce n'était pas un petit service rendu au commerce, et aux transac-tions, ainsi que l'a dit un écrivain compétent dans ces matières, « alors que, sans titre avéré, mal fabriquées, » usées, rognées, les monnaies ne se trouvaient » qu'avec peine ; ce n'était pas une faible tâche de

____

(1) Douai et Lille au XIIIe siècle.

» les ramener, dans plus de vingt Etats , aux types
» les plus purs, et d'en faire des agents de circulation.
» Cet honneur est dû à ces illustres chevaliers. Un
» jour, ajoute-t-il, l'un des plus féconds du moyen-âge,
» cet ordre puissant et éclairé imagina de faire servir
» au développement de ses intérêts , liés à ceux des
» peuples chrétiens , dont il avait le protectorat, d'im-
» menses trésors, fruits de sa valeur et de son admi-
» nistration économe et clairvoyante (1). »

Voici comment saint Bernard , à qui les Templiers
devaient la règle de leur institut, s'exprimait sur eux.

« Ils vivent sans avoir rien en propre , pas même
» leur volonté. Vêtus simplement et couverts de
» poussière , ils ont le visage brûlé des ardeurs du
» soleil, le regard fier et sévère ; à l'approche du
» combat ils s'arment de foi au-dedans et de fer au-
» dehors ; leurs armes sont leur unique parure ; ils
» s'en servent avec le plus grand courage dans les
» périls , sans craindre ni le nombre ni la force des
» barbares , toute leur confiance est en Dieu. »

Les maisons du Temple à Douai étaient comme des
comptoirs d'escompte pour les tables de change et les
commerçants de cette ville.

On a dit que l'ordre du Temple possédait neuf mille
maisons.

(1) Louis de Noiron.—*Banque de France, etc.*

Cet éclat, cette prospérité avaient éveillé l'envie et la cupidité, la calomnie vint à leur suite. On les accusa de débauche, d'irréligion ; on leur imputa mille absurdes infâmies. Philippe-le-Bel, dans son avide ambition, saisit cette occasion pour anéantir l'ordre et s'emparer de la plus riche partie de ses dépouilles. L'ordre fut aboli et la calomnie le poursuivit encore après sa suppression. Mais il a été victorieusement vengé par des écrivains éclairés, impartiaux et notamment par le P. Lejeune, oratorien, dans son *Histoire apologétique des Templiers* en 1789, par le savant Raynouard dans ses *Monuments historiques relatifs à la condamnation des Templiers*. Plus récemment par M. Michelet, dans les curieux documents inédits qu'il a publiés sur leur procès.

Lors de la suppression de l'ordre du Temple en 1312, la maison de Douai passa aux chevaliers de Malte, qui la possédèrent jusqu'en 1792. Elle appartint alors à un particulier.

Elle avait été abandonnée comme habitation par les chevaliers de Malte en 1508 ; on en avait fait une ferme, cependant on avait continué à y dire la messe jusqu'en 1762. Sur une partie de son emplacement au nord, en 1508 on avait élevé des fortifications en barricades, avec rempart, et sur ce rempart construit une tour, dite *Tour du Bon Vouloir*, qui fut démolie, il y a quelque quarante ans.

Le terrain de l'établissement du Temple avait une forme ellyptique ; il était entouré par un large fossé , dont on voit encore quelques partiès. A l'est des corps-de-logis se trouvait sa petite église gothique , bien décorée. Ses murs étaient intérieurement couverts, en partie, de peintures à fresque, dont on a conservé quelques fragments , déposés au Musée.

On voyait aussi dans le chœur quelques pierres tumulaires incisées , et entre autres celle de Caoursin , commandeur de l'ordre de Malte , habile négociateur , né à Douai et mort vers 1455. Cette pierre, en 1810, fut transportée dans la loge des Francs-Maçons, rue du Pont-des-Pierres, et se trouve encore dans le jardin.

L'église fut démolie en 1834, elle servait depuis longtemps de grange.

Le Temple , vendu à la mort du sieur Dhérin qui l'occupait , fut divisé. La partie ouest où étaient les bâtiments et l'ancienne porte d'entrée ont été acquises par le sieur Hulot , il les a fait restaurer, et il a même fait placer sur la porte extérieure une pierre sculptée aux armes de l'ordre de Malte , rappelant celle que l'on y voyait anciennement. La partie à l'est a été achetée par le sieur Hanotte. Sur son terrain il a fait construire plusieurs demeures élégantes.

Les maisons situées sur le rang-est de cette place , appartiennent à l'État et sont occupées par les gardes du génie militaire.

En 1794 on avait enclos la place du Temple de palissades , et les artilleurs y apprenaient l'exercice du canon ; elle prit alors le nom de *Petit Polygone*.

~~~~~~

PONT-DES-PIERRES (RUE DU).

Elle a pris son nom du pont qui , vers la rue Saint-Albin , couvre le canal de dérivation longeant à l'est là rue du Bloc, et qui après avoir fourni ses eaux au moulin de la Prairie, les conduit à la Scarpe. Ce pont est le premier que la ville ait fait construire *en pierres*.

Sur le côté sud-ouest , la demeure de M. Bataille , curé-doyen de Saint-Jacques , était en 1788 , celle de M. Despinoy , docteur en médecine , échevin. Elle fut plus tard habitée par M. Butruille, juge-de-paix , conseiller d'arrondissement, dont le souvenir est honoré à Douai ; et ensuite par le digne M. Levêque , grand-doyen, chanoine honoraire de la métropole de Cambrai, chevalier de la Légion-d'Honneur, dont la mémoire est si justement vénérée.

A côté , est l'ancienne loge des Francs-Maçons qui y avait été établie en 1804 et qu'une mesure adminis-
~~~~~~

trative a fait fermer en 1852. C'était, au moment de la révolution de 1790 , le séminaire Moulart , ainsi nommé parce qu'il avait été fondé en 1598, pour l'entretien de dix-huit boursiers. L'État le vendit en 1795, au sieur Thouin, qui le revendit en 1807 à la Société maçonnique.

Au côté nord-est, la belle demeure de M. le conseiller Minart , est bâtie comme celles adjacentes , sur l'emplacement de l'ancien couvent des religieuses de la congrégation de Notre-Dame. Ces religieuses étaient venues se fixer à Douai en 1699 ; elles se consacraient à l'enseignement de la jeunesse , recevaient des élèves pensionnaires et des externes. Cette maison d'éducation était en grande renommée dans le pays. La noblesse et la bourgeoisie y envoyaient leurs filles , avec empressement. Ce couvent fermé en 1792 , ses bâtiments furent employés comme annexes de l'hôpital militaire. L'État les vendit en 1795.

A l'extrémité de ce côté se trouvait le séminaire de Lannoy. Il avait été fondé en 1662 par un chanoine de ce nom , trésorier du Chapitre de St.-Amé , pour des écoliers, suivant les cours des humanités. Cette maison fut vendue par l'Etat vers 1793. On en fit alors une fabrique de pipes , ensuite une autre de tulle. On y a construit depuis une demeure particulière , dont l'entrée est rue Saint-Albin.

PONT DE TOURNAI (RUE DU).

En 1793 , rue de la *Montagne*.

Un cabaret, sis au coin nord , joignant à la rue des Wetz et portant pour enseigne *à la ville de Tournai* , lui a donné son nom. Dans l'ancien Douai, cette rue était hors des murs ou plutôt elle n'existait pas.

C'est sur l'emplacement de ce cabaret que s'est primitivement établi , vers 1800 , le sieur Bootz-Laconduite , dont les fils ont doté la ville de Douai d'importantes usines.

Le pont qui coupe cette rue a d'abord été construit en bois ; il le fut ensuite en grés ; on en fit un pont à bascule lors des travaux de canalisation de la Scarpe.

La maison au nord qui borde la Scarpe était en 1788, habitée par M. Lenglé de Westover, conseiller au Parlement, elle le fut après par M. Becquet , avocat, mort conseiller à la Cour d'appel.

Sur l'autre rive de la Scarpe se trouvait une demeure que l'on a démolie pour l'ouverture du chemin de hallage. Elle avait été habitée par M. Bottin , aujourd'hui conseiller à la Cour impériale.

Le n° 6 , en 1788, était occupé par M. Sy , négociant ; il le fut plus tard par son fils, juge-de-paix du canton-ouest et conseiller d'arrondissement.

La maison sur le côté sud, limitée par la Scarpe et le chemin de hallage était, en 1788, celle de M. de Warenghien de Flory, conseiller au Parlement, qui fut depuis nommé baron sous l'Empire et procureur-général, premier président à la Cour impériale, représentant dans les Cent-Jours ; magistrat recommandable et justement considéré, chef de l'honorable famille de ce nom. C'est dans cette maison que sont nés M. le baron de Warenghien, sous intendant militaire, ancien maire de Douai, bibliophile éclairé, et le général de Warenghien, officier de la Légion d'Honneur, chevalier de Saint-Louis, etc.

Sur l'autre côté de la Scarpe à l'est, la maison qu'occupe M. Barbedienne, avoué, fut au commencement de la Révolution, habitée par la famille Corbineau, qui a donné à la France plusieurs militaires de grande valeur, et entr'autres le général de division, comte Corbineau, aide-de-camp de l'empereur Napoléon Ier, pair de France, grand croix de la Légion-d'Honneur.

La maison n° 5 était en 1788, la demeure de M. Lespagnol de Wasquehal, conseiller au Parlement.

PROCUREURS (RUE DES).

Grande rue *Saint-Pierre*, — rue des *Femmes Gisantes*, — rue des *Procureurs*,—pendant la Révolution, rue des *Lumières*.

Disons, avant de passer aux détails, qu'en 1788, lorsqu'il n'y avait à Douai que sept notaires, *six* demeuraient dans la rue des Procureurs. C'étaient Mrs Coppin, Allard, de Bailliencourt dit Courcol, Dumont, André et Picard. M. Bécourt, leur doyen, habitait rue de la Halle.

Au coin de la rue des Procureurs et de celle des Ferronniers à l'ouest, était en 1790, la boutique d'un libraire qui faisait l'admiration de tous les enfants et surtout des écoliers du quartier, c'était celle du bouquiniste Ricart dit *bon appétit*. Martinet, à Paris, n'a pas plus d'admirateurs que n'en avait Ricart, lorsqu'il exposait aux regards des passants les produits de son commerce ; c'est-à-dire les images des saints et des saintes, gouverneurs et intendants de la province ; puis des bêtes d'or et ses vieux livres. Il y avait de ces images découpées et collées, sur la porte en deux parties, ainsi que sur les murs et la foule s'y arrêtait toujours. Ricart mort, sa veuve continua son commerce ; elle paya le tribut inévitable vers 1830. Ricart et sa femme, si connus, si populaires, sont aujourd'hui oubliés.....

La maison n° 25 était occupée en 1760, par M. Denis, docteur en médecine, nommé conservateur de la bibliothèque de la ville en 1770, lors de la création de cet établissement. Après la Révolution, elle le fut par le notaire Dutilleux, et plus tard, par M. Tarlier-Choque, exerçant la même profession.

Le n° 25 *double* était en 1788, habité par M. Dumont, aussi notaire.

Le conseiller au Parlement, de Francqueville, demeurait à cette époque au n° 21, qui, dans la suite fut habité par M. Lecamus, médecin des armées.

Au commencement de ce siècle, la maison n° 19, fut celle d'un notaire André, dont la fin fut malheureuse.

Celle occupée par M. Colincamp, professeur à la Faculté des Lettres, était en 1788 le siége de l'étude du notaire Coppin.

Sur l'emplacement de la Caisse Commerciale se trouvait en 1769, un cabaret très-fréquenté, à l'enseigne du *Violon d'Or*. La musique du régiment d'infanterie suisse de Courten, alors en garnison à Douai, donnait des concerts fort suivis dans ce cabaret.

La demeure de M. de Bailliencourt dit Courcol, notaire a été occupée par son aïeul et par son père, exerçant la même profession.

La famille de Bailliencourt était déjà anoblie en 1298,

dans la personne d'Alphonse, marié à Marguerite d'Ambrecourt. M. Malotau de Willerode, dans ses curieuses généalogies, nous apprend comment elle ajouta le surnom de *Courcol* à son nom propre.

« Messire Bauduin, Sr de Bailliencourt receut le
» sobriquet de Courcol dans une lettre que lui écrivit
» Philippe-le-Bon, duc de Bourgogne, dont il était
» fort aimé ; elle était conçue en ces termes:

« La présente journée nous ayant assés fait connaître la vertu, valeur et courage de Bauduin de Bailliencourt, servant en nostre armée, lequel remis la victoire en nos mains, par la réparation et recouvrement de nostre grand estendart fracassé et ès mains de nostre contraire, que pour jeune qu'il estait et de petite corpulence qui nous le fait nommer Courcol, et aussi causé par cet acte généreux la ruine totale et fuite inattendue à nos ennemis, acte et vertu que ne tiendront estre assés reconnus et satisfaits par la présente faveur, de la compagnie de chevaux du capitaine Guillaume de Malhayen, vacante par la mort d'icelui en la rencontre. Ains auront d'icelui et des siens particulières souvenances tant qu'il plaira à Dieu nous en faire la grâce, et lui octroyant le titre et grade de chevalier. Donné sous nos signe et cachet en nostre camp proche d'Abbeville, l'an de nostre rédemption 1410, *signé* Philippe. »

Entre les personnages anciens, remarquables de la famille de Bailliencourt dit Courcol, on a distingué François de Bailliencourt, qui fut sacré onzième évêque de Bruges et nommé chancelier perpétuel de Flandre le 28 juin 1671.

La pharmacie de M. Midy au n° 1 a été exploitée par son aïeul et par son père.

Sur le côté-est de cette rue , les n^{cs} 2 et 4 , réunis , étaient en 1795 la demeure du notaire Duez-Bassette.

La maison, qu'occupe M. le docteur en médecine et en chirurgie Tesse , est l'ancien siége du notariat de Me Allard. Cette maison a été reconstruite sur le terrain de la demeure de Jacques Lesaige, qui fit en 1518, un voyage à Jérusalem et autres saints lieux. Ce pèlerin nous en a laissé la curieuse relation, imprimée en 1520 à Cambrai , chez Bonaventure Brassart, et réimprimée , chez M. Adam , à Douai en 1852 (1).

Jacques Lesaige était marchand de draps de soie ; il avait pour enseigne en 1525 , les armes du patriarchat de Jérusalem d'un côté et de l'autre celles du royaume de Judée , avec cette devise : *Loé soit Dieu , j'en suis revenu !*

L'imprimerie de Mme v^e Adam est celle de M. Amable Wagrez , qui se trouvait primitivement sur la grande Place. En 1815 , elle fut reprise par son fils Bernard Wagrez ; de 1836 à 1859, M. Adam en fut le propriétaire. Le *Mémorial de la Scarpe* , aujourd'hui l'*Indépendant*, journal politique et littéraire , créé en 1826, sort des presses de cette imprimerie. La première et la seule presse typographique à cylindre, dite mécanique , qui ait jusqu'ici fonctionné à Douai, a été établie dans cette importante maison en 1858. Un

______

(1) Un exemplaire de ce livre , en peau de vélin , a été vendu en 1860, à Douai, au prix de 1100 fr.

an après, M. Adam, toujours animé par des idées de progrès, y faisait placer une machine à vapeur destinée à faire mouvoir cette presse avec plus de célérité et de régularité.

Le n° 14 a été habité par M. Emon-Gelez, chef de bataillon du génie en retraite, ensuite par M. Huré, représentant du peuple en 1848 et procureur-général à la Cour ; il l'est à présent par Mme Langlois.

Les demeures de Mme Adam et de Mme Langlois ont été construites sur le terrain qu'occupait autrefois l'*Hôpital Sainte-Marguerite* ou *des Femmes Gisantes* ; il avait été fondé, par Werin Mullet, au mois de juillet 1273. On n'y recevait que des femmes pauvres sur le point d'accoucher ; elles n'y pouvaient rester qu'un mois et pour y être admises devaient avoir habité la ville pendant un an.

Après se trouvait un flégard dit *des Femmes Gisantes*.

Le n° 16 était en 1784 la demeure du notaire de Faulx qui, plus tard, fut procureur du roi à Douai ; il était en 1788, celle de M. Picart, avocat et notaire ; il est occupé par sa respectable veuve.

M. Custers, notaire, qui a laissé au milieu de nous d'honorables souvenirs, habitait le n° 18. Sur l'emplacement de la porte cochère de la maison Custers se trouvait en 1788, une maison habitée par M. Déquersonnière, avocat, échevin, procureur syndic de la commune en 1791, mort président au tribunal de première instance. Elle avait ensuite été occupée par un sieur Cambray , négociant en vins ; qui fit le don à l'église Notre-Dame en 1811, d'un beau maitre-autel.

Sur le terrain de la maison n° 26 était , il y a une trentaine d'années , une auberge très fréquentée, sous l'enseigne du *Singe d'or*, tenue par M. Genty.

RÉCOLLETS-ANGLAIS (RUE DES).

Cette rue comprend maintenant celle de Sainte-Catherine de Sienne , qui en est la partie sud , vers la rue des Vierges. Elle doit son nom à un ancien établissement dont nous parlerons. Sur le rang ouest où se voyent d'élégantes demeures modernes était autrefois le couvent de Sainte-Catherine de Sienne. Cette communauté avait été fondée en 1622 , et son église consacrée, en 1627, par Paul Boudot, évéque d'Arras. Au moment de la suppression des maisons religieuses, ce local devint un lieu de détention pour les prêtres *insermentés* et ensuite une manutention de vivres pour les pauvres. Vendu par l'Etat ; il appartint à divers particuliers. Dans un temps plus rapproché de nous , on en fit l'hôtel des Canonniers de la garde nationale. C'est maintenant une sorte de collége, dénommé l'*Institution de Saint-Amé*.

Les religieuses de Sainte-Catherine étaient dites aussi *Dominicaines*, parce qu'elles appartenaient à l'ordre mendiant de saint Dominique, et à ce titre elles jouissaient de l'exemption de tous impôts et autres priviléges accordés aux ordres mendiants.

Le couvent de Sainte-Catherine possédait un certain nombre de tableaux précieux et de curieux manuscrits.

Entre le couvent et les Récollets-Anglais était en 1624, la ruelle du *Courpillage*, allant au *fossé à carpes*, sans doute le cours d'eau. Ce flégard en 1697 a été réuni au couvent de Sainte-Catherine.

Au nord de cette maison se trouvait le couvent des Récollets-Anglais, établi dans le premier quart du XVIIe siècle, à l'effet de fournir des missionnaires en Ecosse. Son église, qui est aujourd'hui la paroissiale de Saint-Jacques, fut commencée, en 1706, et consacrée en 1712 par l'Electeur de Cologne, le cardinal prince Joseph-Clément de Bavière. En 1794, ce monastère fut mis à la disposition de la Société populaire, pour la tenue de ses réunions ; mais cette mesure n'eût pas de suite. Lors du rétablissement du culte en 1803, l'église fut rendue à sa première destination, sous le vocable de Saint-Jacques ; elle fut, en 1852, et dans les années suivantes, restaurée et agrandie ; elle reçut alors de nombreux embellissements. Sur la partie nord du couvent des Récollets ont été élevées de belles demeures particulières.

En 1797, une salpétrerie importante, pour le service de la guerre, fut établie aux Récollets-Anglais.

Entre les Récollets et le séminaire Moulart était, en 1707, un flégard avec un pont sur le cours d'eau, communiquant à la rue du Bloc, après avoir traversé une petite *place verte*.

Le côté-est de cette rue est longé en grande partie par un cours d'eau qui va aussi se jeter dans la Scarpe.

La ruelle Campion, autrefois des *Secques Herbes*, s'ouvre de ce côté.

SAINT-ALBIN (RUE).

Grande rue Saint-Aubin. — En 1794, rue de la *Montagne.*

Son nom lui vient de celui de l'église qui s'élevait au nord-est de cette rue.

En y pénétrant de ce côté se trouvait un hôpital, dit *de Cantin*, du nom de son fondateur ; établi vers le commencement du XVIIᵉ siècle, il fut supprimé en 1764. Acheté à cette époque par les bénédictins anglais, on le réunit à leur maison. Les beaux et vastes bâtiments qui se voient maintenant font partie du collége, appartenant à cette congrégation. Ensuite s'ouvre la rue Saint-Benoit, autrefois nommée d'*Englemer* ou des *Bénédictins*. Cette rue n'avait pas d'issue dans celle Saint-Albin avant que les Anglais s'y installassent en 1603.

A l'angle sud des rues Saint-Albin et Saint-Benoit, on construit, en ce moment, une jolie cité ouvrière. Au n° 34 est le fameux cabaret *de la Brique*.

M. Dorlencourt, juge au Tribunal de première instance, occupe le n° 22, ancienne demeure de M. Courtin, mort conseiller à la Cour.

Plus bas se trouve la place de la Prairie, en 1794 place de l'Humanité.

La demeure n° 2 est construite sur l'emplacement d'un établissement hospitalier qui avait nom *Lefranc* ou *des sept Douleurs*. Il avait été fondé, en 1632, pour des filles orphelines de père et de mère, par Anne Boudens, épouse de Jean Lefranc. Cette maison avait été réunie, en 1765, à la congrégation de Notre-Dame, comme nous l'avons dit.

Sur le côté ouest, le n° 39 était la demeure de M. le colonel d'artillerie de Beaumaretz, qui s'était distingué pendant les guerres d'Italie. Il était né et il est mort dans cette maison.

Le colonel est décédé le 3 janvier 1827, et son frère Félix , chef de bataillon en retraite , né également dans cette maison, qui avait fait aussi toutes les campagnes et demeurait avec lui, il y est mort le 24 février 1838 à l'âge de 82 ans.

Mme veuve Bertin habite la maison voisine qui était celle de son père , M. de Rumilly , commissaire des guerres.

Cet hôtel, en 1752, était celui de M. Bruneau, président à Mortier au Parlement.

Après la rue des Chartreux , l'hôtel habité par M. Massart , ancien notaire , a été successivement la propriété de M. de Calonne de Bieufait , parent du célèbre contrôleur des finances , celle de M. Degouve de Nuncques , conseiller à la Cour de Douai et député du Pas-de-Calais , de son gendre M. Piéron, conseiller à la Cour, aussi député du Pas-de-Calais.

Rappelons que cette demeure fut celle de M. Roulland, ministre au département de l'instruction publique et des cultes , lorsqu'il exerçait à Douai les éminentes fonctions de procureur-général, avec tant de distinction.

Les marchés aux chevaux et ceux aux bestiaux ont été tenus pendant longtemps à l'extrémité nord de la rue Saint-Albin.

SAINT-JACQUES (RUE).

Rue *de la Neuville*,—*Grande rue Sainte-Jacques*,—*du Pont-Saint-Jacques*.—En 1794, rue *Jean-Jacques*.

Lorsque l'on arrive dans cette rue du côté sud, elle est séparée à l'est de la rue de la Madeleine par la ruelle du Chapitre, ainsi nommée en 1488,—rue du *Berquin* en 1569, ruelle du *Four du Chapitre* en 1680. Plus haut est l'entrée d'une société particulière, connue sous l'indication de *Cercle commercial*. C'est l'ancien séminaire de Lamotte. Il avait été fondé en 1595, par les libéralités de Valentin de Pardieu, seigneur de Lamotte, général d'artillerie, gouverneur de Gravelines, tué d'un boulet au siége de Doulens. Ce personnage avait marqué dans les troubles de la fin du XVIe siècle. La fondation avait été faite en faveur de boursiers qui suivraient les classes de l'Université. Au front de ce séminaire, au-dessus de la porte d'entrée, on voyait une pierre dont l'inscription rappèle ces faits-; cette pierre est maintenant déposée au Musée de Douai. A cause du manque de casernes pour loger les troupes, le séminaire Lamotte fut affecté à cette destination de 1667 à 1700. On y établit après une fabrique de camelots et de bouracans.

En 1762, l'Université en reprit possession et le

consacra de nouveau au service des boursiers. La propriété de ce local fut aliénée par l'Etat en 1797 ; il fut ensuite diversement occupé jusqu'en 1856 où le Cercle commercial s'y installa.

En continuant vers le nord on passe au-dessus d'un cours d'eau, ce pont est dit *Pont-Saint-Jacques*, c'était la limite de la ville. Autrefois, là s'ouvrait la porte *de la Neuville*, ainsi se nommait aussi la partie de cette rue qui s'étendait de la porte à la place St-Jacques (1). L'auberge du *Grand Cerf*, qui se trouve après le cours d'eau, est une ancienne hôtellerie qui, déjà, existait au XIII⁰ siècle, et que l'on désignait sous la qualification *des Crasses*.

On passe la rue Saint-Jean Le n° 38 était en 1791 la demeure de M. Art, avocat au Parlement, maire de la ville de Douai.

Au n° 42 était une hôtellerie bien famée ayant pour enseigne les *Quatre fils Aymon*. L'avant-dernier hôtellier de cette maison, le sieur Dherbecourt, ainsi que peuvent se le rappeler nos vieux douaisiens, portait encore l'ancien costume des hôtelliers de France : le bonnet blanc, pourpoint blanc, chausses blanches, tablier jeté sur le côté droit, laissant voir au côté gauche un long couteau à manche de corne et de cuivre.

Après la rue des Carmes, la maison n° 48 qui forme

(1) Cette porte s'est aussi appelée porte *Jacquême*.

le coin est bâtie sur l'emplacement d'une ancienne chapelle, consacrée à *Notre-Dame qui pleure*. Elle a été supprimée en 1772.

L'hôtel de Mme Duvelin, née Malotau de Guerne, sur le rang ouest, a été occupé par M. Bernard, avocat au Parlement et puis par un riche négociant, nommé Delsaux.

L'hôtel de l'*Europe* fut bâti en 1820 sur le terrain de l'ancien hôpital de Saint-Thomas.

Nous traversons les rues Saint-Thomas et Jean-de-Gouy.

Dans la demeure n° 9, a vu le jour en 1789, M. Martin, mort garde-des-sceaux de France, ministre de la justice.

~~~~~~

SAINT-JEAN (RUE).

En 1793, rue de l'*Egalité*.

Derrière le côté sud de cette rue se trouve un cours d'eau autrefois nommé *Courant des Chartriers*, *fluant au Molin des Wetz*. Sur ce rang, en venant de
~~~~~~

la rue des Trinitaires , était le couvent des sœurs Brigittines ou religieuses de Saint-Sauveur, qui suivaient
la règle de Saint-Augustin , ordre fondé , par Sainte-
Brigitte ou Birgitte, princesse du sang royal de Suède,
vers l'an 1370. Cette maison avait été établie en 1826
avec l'appui des évêques d'Arras et de Tournai, et les
largesses de plusieurs personnages considérables. Les
religieuses l'évacuèrent en 1792 , et on y logea des
troupes. Vers 1796 , elle fut achetée par M. Lorain ,
administrateur du département du Nord , qui en fit
une belle habitation.

M. Taffin de Sorel , ancien conseiller au Parlement,
ensuite président à la Cour impériale , en devint propriétaire en 1801. Elle resta dans sa famille pendant
plusieurs lustres. Acquise et habitée par M. Benoit ,
conseiller à la Cour , elle fut par lui revendue à une
congrégation , qui en forma un collége aujourd'hui
avantageusement connu sous le nom de collége Saint-
Jean.

Le n° 38 est la demeure de M. Ghoque , député au
Corps Législatif pour l'arrondissement de Douai.

Le n° 34 a été celle de M. Nepveur , mort premier
président à la Cour de Dijon.

L'hôtel occupé par M. Imbert de la Phalecque était,
en 1776 , une brasserie échevinale nommée le *Grand
Saint-Jean*. Elle fut achetée à cette époque par M.
Champmorin de Varennes , capitaine au corps royal

d'artillerie , qui en fit son habitation , et revendue par lui en 1788 , à M. Lecomte de Laviefville , conseiller au Parlement ; plus tard Mme la comtesse de Tenremonde l'occupa.

Les jardins de cette maison et de celles qui l'avoisinent faisaient partie du terrain du séminaire Lamotte.

L'hôtel de Mme veuve de Bailliencourt dit Courcol était, en 1764, occupé par M. Pamart, lieutenant particulier de la gouvernance. Il le fut ensuite par M. Dubois de Mortagne, ancien sous-préfet, et puis par son gendre M. Leroux de Bretagne , premier président à la Cour de Douai , aujourd'hui conseiller à la Cour de cassation, de qui il fut acquis par M. de Bailliencourt, ancien notaire, de regrettable mémoire. *Vir Probus !...*

Au n° 4 était autrefois une hôtellerie en renom , tenue en 1742 par Jouy , sous l'enseigne de la *Cuve-Blanche* où de hauts personnages ont été hébergés.

En remontant le côté nord de cette rue, la première porte cochère est une sortie de la maison religieuse de Sainte-Marie.

L'hôtel portant le n° 19 a été bâti , dans le milieu du siècle dernier , par M. Georges Durant d'Elecourt ; il fut habité plus tard par M. le baron Coll. Confisquée par les lois de 1793 , cette maison fut remise au domaine de l'Etat et affectée au service des conseils de guerre. Vendue par l'administration , M. de Warenghien, depuis sous-intendant militaire, maire de Douai, chevalier de Saint-Louis et de la Légion-d'Honneur , alors commissaire des guerres à Douai , en fit l'acquisition ; mais avec une scrupuleuse délicatesse, il offrit à M. Coll , revenu de l'émigration , de lui en faire la remise au prix d'achat. M. Coll préféra ratifier la vente et reçut, en indemnité de M. de Warenghien, une somme de 6,000 fr. Celui-ci l'habita jusqu'en 1854 , époque à laquelle il mourut.

Après cette maison se trouvait au commencement de ce siècle une norterie, sur l'emplacement de laquelle on a construit d'élégantes demeures. En 1625 , des religieux Brigittins s'étaient établis sur ce terrain , mais leur maison n'eut jamais d'importance. Ce terrain était celui d'un séminaire , dit des Hibernois ou Irlandais, supprimé plus tard et réuni à celui du même nom situé rue des Bonnes. Sur l'emplacement des demeures portant les n°ˢ 33 , 35 et 37 était un petit hôpital fondé en 1631 par un bourgeois nommé Blary, dont il prit le nom. Il fut supprimé en 1752 , et ses biens furent réunis à ceux de l'Hôpital-Général.

SAINT-JULIEN (rue).

Rue de l'Etancq, — de *Papegais,* — des *Beulx,* —de *Sainte-Marguerite,* — en 1794 de l'*Humanité.*

A l'extrémité sud , sur le côté ouest , se trouve un bel hôtel, anciennement nommé la *Maison aux Quatre-Coins* , parce qu'il est isolé, n'a point de demeures attenantes. Cette maison a été bâtie pour **M.** Dehault, docteur en médecine.

Au coin de cette rue et de celle du Pont-des-Pierres, se trouvait anciennement l'abreuvoir de Sainte-Marguerite.

L'hôtel était en 1790, l'habitation du fameux baron de Tott , dont la vie a été si singulièrement agitée. Après avoir été employé , comme diplomate , en Tartarie , à Constantinople , sous le ministère de **M.** de Vergennes , quoique officier dans les hussards de Berchini dès l'âge de 18 ans , Tott , devenu maréchal de camp , vint en 1786 commander la place de Douai. Il s'y était fait remarquer , autant par l'amabilité de son caractère, l'originalité de son esprit , que par la variété de ses connaissances et l'élégance de ses manières. Nos mères rappelaient, avec plaisir, le souvenir de ses soirées d'hiver , de la somptuosité de ses fêtes asiatiques , de ses élégants traineaux. Il avait su se faire aimer des habitants et des soldats qu'il commandait. Mais en 1790, les quatre régiments qui formaient la garnison ayant conçu le projet d'une petite fédération, Tott voulut l'empêcher. A l'heure fixée pour cette réunion, il fit battre la générale, sous le prétexte d'une revue. Les soldats en devinèrent le motif, ils se rendirent à leurs quartiers respectifs, traitèrent leur général *d'aristocrate*. Réunis ensuite, ils le menacèrent et le poursuivirent même en lui lançant des pierres ; il trouva moyen de leur échapper. La nuit venue, une vive agitation régnait dans la place, parcourue en tous sens par les indisciplinés, vociférant qu'ils voulaient le *lanterner*, montrant même les cordes dont ils s'étaient munis à ce dessein. Tott, dans ce périlleux moment, fit voir toute l'énergie de son caractère et continua à donner des ordres comme si la garnison eut été soumise à la discipline ordinaire. Il fallut que les officiers du régiment de La Fère vinssent lui annoncer le danger et lui offrir de protéger sa sortie pour qu'il songeât à quitter son poste. Profitant du moment où la soldatesque était endormie et dans un état d'ivresse, quelques-uns de ces officiers, le pistolet au poing, firent sortir le général de la ville, il se rendit à Paris...., et mourut en Hongrie, où il s'était réfugié, dans l'année 1793.

Aux divers talents qui le distinguaient, il joignait celui de peindre d'une manière agréable. Le Musée de Douai possède un petit tableau de lui, représentant une vue de la Crimée.

On a de Tott des *Mémoires sur les Turcs et les Tartares*, pleins d'intérêt ; ils ont été imprimés en 1785 à Amsterdam, ainsi qu'à Paris, et traduits en plusieurs langues.

L'hôtel de Tott, en 1814, était occupé par M. le général Jouffroy, commandant l'Ecole d'artillerie ; il le fut ensuite par M. Duriez, receveur des finances. Il a été acheté plus tard par M. Duquesne-Dapsens, un des fondateurs du beau Musée de Douai, auquel il a a rendu tant d'éminents services. M. Duquesne était aussi un des fondateurs de la Société académique de Douai. Il avait succédé à son père, ancien greffier de l'échevinage, en qualité de secrétaire en chef de la Mairie de Douai, fonctions dont l'avait éliminé une violente mesure politique en 1823.

Cette belle demeure est aujourd'hui celle de son gendre M. Dupont-Duquesne, avocat distingué du barreau de Douai, président de la Société centrale d'agriculture.

Plus au nord sur l'emplacement des demeures portant les n°s 17 et 19 étaient les jardins de la maison religieuse dite de la Congrégation de Notre-Dame, dont l'entrée se trouvait rue du Pont-des-Pierres. Cette maison était consacrée à l'éducation des jeunes filles des classes élevées de la bourgeoisie douaisienne ; elle fut supprimée en 1792, et sur son terrain on a bâti d'élégantes demeures.

En deça du cours d'eau qui sépare la rue de Saint-Julien de la Prairie , était une porte du vieux Douai, nommée porte de l'*Etancq*

Au côté-est de cette rue vers le sud , sur l'emplacement de la brasserie de M. Dejaeghère et des maisons qui lui sont contigues , se trouvait l'hôpital et couvent de Saint-Julien. On faisait remonter sa fondation au commencement du XIIIe siècle , ce que semble confirmer une bulle du Pape Nicolas IV de 1290 , datée de Civita-Vecchia , par laquelle ce pontife déclare prendre cette maison sous sa protection. Ce n'était primitivement qu'un hôpital destiné à loger les pèlerins pauvres qui faisaient le voyage de la Terre-Sainte. En 1581 , le conseil de la ville autorisa des religieuses du tiers ordre de Saint-François, venant de Wervich, à s'y établir ; on y construisit une église en 1585. Ces saintes filles se consacraient à l'instruction de la jeunesse. Supprimée en 1792, cette maison fut vendue en 1796 par l'Etat au sieur Lucas qui y fit construire la brasserie et d'autres habitations.

SAINT-MICHEL , SAINT-SULPICE (RUES) , ESPLANADE (PLACE DE L').

La rue Saint-Michel eut primitivement le nom de rue *Neuve derrière le Temple*, ensuite de la *Neuve-Cauchie*, — celle de Saint-Sulpice a pris le sien d'un prieuré appartenant à la célèbre abbaye d'Anchin. — L'Esplanade était la place des *Waskies* (1) et après la *grande place du Temple*.

Ces deux rues et l'Esplanade se trouvaient hors murs.

L'ancien Douai avait deux portes au nord. Celle derrière le Temple, nommée *porte du Temple* ; fut fermée en 1346 , une entrée fut ouverte à l'est, qui prit alors le nom de *porte neuve du Temple* , *porte Saint-Michel*, et successivement après ceux de porte du *Marais* et *Morel*. L'autre fut appelée porte de Rieulay, elle était un peu à la droite de la porte Morel vers l'endroit où est de nos jours la sortie du chemin de fer.

Sur le côté est de la rue Saint-Michel , en arrivant par la porte Morel , est une importante verrerie , dont les produits en grande partie s'exportent dans les pays étrangers et principalement en Angleterre. Elle a été

(1) *Waskies* , pâturages entourés de fossés.

créée, à la fin du dernier siècle par **M. Chartier**, industriel éclairé , qui fut capitaine commandant du corps des sapeurs-pompiers et contribua puissamment à la bonne organisation de cette utile institution. Ce bel établissement appartient aujourd'hui à son fils, **M. Prosper Chartier**, ancien maire de la ville de Douai.

La première verrerie établie à Douai le fût par **M.** le marquis de Bacquehem, en vertu de lettres-patentes datées du 26 septembre 1786. La profession de verrier, alors était noble ; les verriers avaient le privilége de ne point déroger en se livrant à l'industrie. On disait *gentilshommes verriers* , parce qu'ils fabriquaient des bouteilles , car en France on tenait en grande estime tout ce qui avait rapport au vin , dont les propriétaires se plaisaient à faire eux-mêmes la récolte , tandis qu'ils laissaient aux fermiers le soin de faire celle du blé.

Montchrestien, dans son *Traité d'économie politique*, dit que de son temps , au XVIIe siècle, on comptait en France de deux à trois mille gentilshommes verriers.

A l'extrémité sud de cette rue , entre le cabaret du *Petit Polygone* et le quartier de Saint-Sulpice , s'ouvrait la rue du B ... du Temple, qui allait aboutir à celle du Refuge-Saint-Amand : ces deux rues ont été supprimées.

La caserne de Saint-Sulpice occupe en partie le terrain de l'ancien prieuré de ce nom. Lorsque Louis XIV eut fait rentrer , en 1667 , la ville de Douai sous la domination de la France, le comte de Gadanne, lieutenant-général , qui commandait la place de Douai pour le roi , demanda aux échevins de faire construire des casernes au prieuré Saint-Sulpice pour y loger les troupes. La ville ayant acheté partie de ce terrain , le quartier y fut établi. Ce bâtiment menaçait ruine en 1720 , on dût en reconstruire partie aux frais de l'État. La façade et les deux ailes au nord et au sud furent réédifiées de 1736 à 1740 par la ville , ce qui lui occasionna une dépense de 150 mille livres.

Lorsque les Carmes-Déchaussés furent reçus à Douai en 1615 , on les logea d'abord au prieuré de Saint-Sulpice.

L'Arsenal fut formé aussi en 1667 , sur une autre partie du prieuré. Cet établissement s'est , à diverses reprises considérablement agrandi et encore tout récemment. Son périmètre s'est accru des quatre cinquièmes depuis le temps de sa formation.

Le 11 avril 1265, Marguerite, comtesse de Flandre et Guy son fils donnèrent aux échevins toute la pièce de terre nommée les Waskies , à la charge de payer chaque an au receveur de l'espier de Douai , *douze deniers douaisiens* au jour de la Saint-Pierre. On y construisit des bâtiments en face de l'arsenal actuel, et trois passages étaient ouverts, entre ces demeures pour aller à la rivière. Ces bâtiments furent démolis pour l'établissement de l'Esplanade , lors de la construction du quartier Saint-Sulpice et de l'Arsenal.

L'Esplanade a été , il y a quelques années, la cause d'un litige entre la ville et le département de la guerre, par rapport à sa propriété à laquelle l'une et l'autre prétendaient avoir droit.

SAINT-SAMSON (RUE).

Jadis rue *Entre la première porte d'Arras,—de St-Samson.*

L'hôtel de M. Delval-Cambray , ancien adjoint au maire, mort, il y a peu de temps, d'une manière si inopinée, fut avant lui, occupé par son oncle, M. Delval-Lagache. Celui-ci était, en 1791, président de l'administration départementale ; en 1794 membre de celle générale de la Belgique ; en 1795 commissaire du directoire exécutif près l'administration municipale de Douai , et de 1800 à 1822 membre du conseil général du département du Nord. Sur l'emplacement de cet hôtel étaient autrefois des salles dépendantes de l'hôpital Saint-Samson situé vis-à-vis.

La maison occupée par M. Guilmot-Martin, ancien

receveur des finances , était en 1788 la demeure de M. Dupont, avocat, mort président à la Cour de Douai, homme aussi respectable que magistrat éclairé.

Vient ensuite l'ancienne auberge de l'*Écu d'Artois*.

Sur le côté est, l'hôtel habité par M. Evrard , ingénieur civil , fut la demeure de M. le conseiller Dumoulin, d'abord administrateur du département du Nord et membre du Corps législatif. Il l'était au moment de la Révolution, par M. Bonnaire , avocat au Parlement et professeur de droit à l'Université. Cet hôtel était connu sous le nom d'hôtel de *Belleforière*.

En 1790 , M. Bonnaire fut élu maire de la ville de Douai. Une violente émeute ayant eu lieu le 15 mars 1791 , à propos de l'exportation des grains , et dans laquelle les infortunés Nicolon et Derbaix furent, par les forcenés , pendus aux lanternes , le gouvernement rendit responsables de ces malheurs les maire, officiers municipaux, procureur de la commune et les décréta d'arrestation ; ils prirent la fuite. Bonnaire se retira à Wotfenbuttel et mourut à Brunswick en 1795 (1).

La demeure contigue , celle de l'honorable M. Pla-

---

(1) Voici les noms des membres de l'administration municipale, en 1791, qui cherchèrent un asile à l'étranger pour échapper au décret d'arrestation : Mellez, brasseur ; Vanacken , avocat ; Franquenelle, médecin ; Rose, brasseur ; Picquet , négociant ; Deffosse , avocat ; Briffaut , avocat ; De Bailliencourt , notaire ; Thibaut , procureur ; Duwetz , avocat ; Coppin , notaire ; Dequersonnière, avocat, procureur de la couronne.

zanet, colonel du génie en retraite , ancien membre de la Chambre des Députés et président de la Société centrale d'agriculture, sciences et arts , était en 1788 , occupée par son beau-père, M. Remy Dumaisnil, avocat au Parlement et membre de l'échevinage. Cette maison et celle n° 21, qui lui est voisine, ont été construites sur l'emplacement de l'hôpital Saint-Samson , fondé à la fin du XIIe siècle ou au commencement du XIIIe, par Garin, archevêque de Thessalonique , dans le local qu'il habitait, étant chanoine de Saint-Amé. Cet hôpital était destiné à recevoir les pauvres passants. Le fondateur en avait confié l'administration aux chevaliers du Temple. A la suppression de cet ordre illustre , elle passa aux chevaliers de Malte ; malgré la clause contraire de l'archevêque donateur.

Dans celle n° 21 était la chapelle de cet hôpital , qui fut vendu en 1795 , avec les biens qui avaient appartenu à cet établissement. Il se trouvait situé immédiament à l'entrée de la *première porte d'Arras*.

En 1744, au nord de cette maison, était une hôtellerie sous l'enseigne de *Saint-Michel*.

SAINT-THOMAS (RUE).

Rue *Vuillaume-Saint-Aubin* , — du *Puich-al-Kaine* , — de *Saint-Thomas,*—de *la Comédie,*—et de nouveau *de Saint-Thomas.*

Au nord, l'*hôtel de l'Europe*, qui fait le coin de cette rue et de celle de Saint Jacques , ainsi que la demeure de M. Remy du Mesnil ont été construits , il y a une quarantaine d'années , par M. Lejeune , mort inspecteur des domaines et de l'enregistrement , sur l'emplacement d'une partie de l'ancien couvent de Saint-Thomas. Cet établissement n'avait été primitivement qu'un hôpital , fondé en 1378 , par Watier-Bellami , dit Lentailleur, pour y loger les passants et soigner les malades. L'an 1419, un bourgeois de Douai, *ministre et gouverneur* de cette maison , en confia le service à des personnes dévotes , appelées *Béguines.* Isabelle de Bourgogne , femme de Philippe-le-Bon , vers 1472 , plaça dans l'hôpital de Saint-Thomas des sœurs grises du tiers-ordre de Saint-François. Il avait une belle chapelle dans laquelle était vénérée Notre-Dame-de-Bonne-Espérance. Cet hôpital ne fut fermé qu'en 1802, et il devint un annexe du magasin des lits militaires.

Un puits se trouvait autrefois à l'angle de l'*hôtel de l'Europe,* c'était le *Puich-al-Kaine.*

Au n° 18 habite le docteur Duhem , médecin des secours publics , auteur d'un piquant recueil de jolies chansons et d'un bon éloge du célèbre député Manuel.

Au n° 20 demeurait en 1831 , le brave baron Peugniez , ancien colonel d'infanterie , officier de la Légion-d'Honneur , alors colonel de la garde nationale de Douai. Peugniez avait fait glorieusement presque toutes les campagnes de la République et de l'Empire.

Le n° 24 , occupé par M. le conseiller Fauché de St-Edme , était en 1795 , un cercle , sous le nom de *Saint-Thomas* , composé en grande partie , des fonctionnaires publics de la ville de Douai.

L'hôtel de M. Remy de Rombault , administrateur des hospices, ancien officier de cavalerie sous l'Empire, décoré de la Légion-d'Honneur, est en partie construit sur le terrain du séminaire des *Six Prêtres* ou du *Soleil,* qui avait été établi en 1600 , par Jean Aparisis et sa femme , pour y recevoir six prêtres irlandais , étudiants en théologie et suivants les leçons publiques de l'Université. Ce séminaire a été vendu par l'État en 1793.

Sur le côté sud, formant l'angle de la rue des Ecoles, la maison de M. Flamant , avocat distingué du barreau de Douai , a été occupée par le fameux accusateur public Ranson , ensuite par M. Duriez , conseiller à la Cour. En 1791, c'était une imprimerie, exploitée sous l'enseigne du *Missel d'Or ,* par l'infortuné Derbaix , l'une des victimes des mouvements populaires , qui , à cette époque, ont attristé la ville de Douai. Nous avons raconté la fin déplorable de Derbaix à l'article sur la rue des Blancs-Mouchons. Cette imprimerie , après Derbaix, avait été reprise par M. Marlier, qui fût bientôt après imprimeur de la préfecture du département du Nord, fixée alors à Douai.

L'hôtel n° 27, habité propriétairement par M. Wastelier du Parc, était, en 1788, la demeure de M. Remy d'Evin, conseiller au Parlement, il fût ensuite celle de M. Remy de Lassusce , mort directeur du Mont-de-Piété. En 1813, il fût acheté par M. Wastelier père , ancien président de l'administration municipale. Cette habitation , par les agrandissements et les embelissements qu'elle a reçus du propriétaire actuel, est une des plus agréables et des plus élégantes de la cité.

Au n° 23 , en 1758 , se trouvait un jeu de paume , exercice alors très en vogue , tenu par Nicolas Géry , de Cambrai. Cet individu obtint de l'administration échevinale , à cette époque , l'autorisation d'y établir une salle de spectacles, avec le privilége exclusif, pendant 25 ans, d'y faire jouer la comédie et d'y donner des bals publics. Géry a été maintenu dans ce privilége jusqu'en 1785, où fût construite la salle des spectacles actuelle. Avant 1758, les représentations théâtrales se donnaient dans le local du séminaire de la Foi et au pavillon du Dauphin.

Plus tard, un sieur Dorchy avait dans cette maison

une sorte d'institution secondaire. Mlle Renard y tient à présent un pensionnat de jeunes demoiselles.

La maison n° 21 est habitée par M. Dubois, économe des hospices, auteur d'un ouvrage curieux, ayant pour titre : *Douai pittoresque*, dont l'impression est suspendue, au grand regret des hommes de goût..., sans doute faute d'encouragements, comme il arrive souvent pour les ouvrages utiles.

M. Wallez, professeur à l'école d'artillerie, à celle de peinture et de dessin de la ville, dont la mémoire sera encore longtemps chère à ses nombreux élèves et à tous ceux qui l'ont connu, habitait le n° 19. Ce digne artiste a laissé quelques bons tableaux ; il est auteur de plusieurs ouvrages d'architecture et d'archéologie.

Ses précieux portefeuilles ont été achetés, lors de sa mort, par la ville, et se trouvent à la bibliothèque publique.

A l'extrémité-est de cette rue se trouvait autrefois le séminaire des *Sept douleurs de la Sainte-Vierge*. Il avait été fondé en 1626, par Arnould Vandenhem, doyen de la collégiale de Saint-Pierre, pour y nourrir sept pauvres étudiants en théologie. Il fut vendu par l'État au mois de janvier 1793 et remplacé par des maisons particulières.

SCARPE (COURS DE LA).

La porte, dite *Entrée des Eaux*, fut reconstruite, par le génie militaire en 1821, au moment où s'exécutaient les grands travaux de redressement de la Scarpe, qui ont changé tout l'aspect de la ville dans l'étendue du parcours de cette rivière. Jusqu'alors la Scarpe était à peine aperçue de l'entrée au pont de la Massue ; son cours était tortueux, découpé, bordé de vieilles masures, de murailles et presque sans abords, sinon par d'étroites rues et des flégards.

Prenons le côté droit à la porte d'entrée. Au bas du rempart, une branche de dérivation s'ouvre un passage par la rue du Grand-Bail, autrefois rue du *Four des Eaux*. Ensuite se présente le beau quai du Commerce, nommé d'abord *quai Bourbon*. Sur l'emplacement des importantes usines de MM. Wagon et Paix frères, s'étendait une longue muraille clôturant des jardins particuliers, elle était continuée par celle du jardin des religieuses Annonciades. Ce couvent avait été établi en 1622 ; son entrée était vers la place St-Nicolas. Les Annonciades sortirent de leur maison en 1792 ; une prison révolutionnaire y fût formée. Comme propriété de l'État, on la vendit en 1794, et bientôt après on y éleva des habitations.

Vis-à-vis la rue du Petit-Pont ou *du Jardin des Annonciades* se trouvait un pont de pierres, nommé *des Augustins*, il avait pris son nom d'un couvent, situé sur la rive gauche ; ce pont fût supprimé en 1821. Ensuite s'ouvrait la rue des Basses.

La maison de cette rue, qui maintenant porte le n° 1 du quai du Commerce, est celle où naquit en 1789, le poète Hippolyte Bis. En face de cette demeure était le moulin *du Quesne,* qu'alimentait la branche de dérivation qui, de ce point, prend son cours à l'est. Ce moulin appartenait à l'Hôpital-Général ; il a été démoli aussi en 1821.

L'emplacement du quai des Dominicains et celui des grands magasins et ateliers de M. Hanotte, étaient occupés par le couvent et l'église des frères prêcheurs ou Dominicains, la plus ancienne des communautés de Douai. Elle datait du milieu du XIII° siècle, et le terrain sur lequel elle s'était établie lui avait été donné par Marguerite de Dampierre, comtesse de Flandre.

Cette maison souffrit de plusieurs incendies considérables. Après le siége de 1712, Louis XIV permit aux Dominicains d'ouvrir une loterie de *bienfaisance* pour réparer le dommage que leur couvent avait éprouvé. Le chiffre de cette loterie s'élevait à trois cent mille livres. Ces sortes de jeux de hasard, si communs de nos jours, ne sont pas d'invention récente, car le 22 décembre 1475, on avait accordé aux échevins la permission d'établir un *lotissement* pour la réédification des halles, du beffroi, etc., et, le 19 mai 1476, un autre, pour la continuation de ces mêmes travaux.

Un incendie éclata plus récemment dans cette maison en 1755, et peu après on dut reconstruire entièrement l'église, qui est encore debout servant de magasin. Vendue par l'État en 1792, elle fut achetée par M. Paulée et cédée plus tard, par ses héritiers à M. Hanotte.

Les Dominicains ou Frères Prêcheurs se nommaient aussi *Jacobins*. On prenait de préférence, dans cet ordre, les membres des tribunaux de l'Inquisition. C'est parce que les révolutionnaires exaltés se réunissaient en 1790 à Paris, au couvent de cet ordre rue Saint-Honoré, qu'on les dénomma *Jacobins*.

Il y avait dans l'église des Dominicains ou Jacobins de Douai, au moment de la Révolution plusieurs tombes fort belles. On remarquait principalement celle de Jean de Luxembourg, qui y avait été enterré en 1508. A cause de sa singularité, nous donnerons l'inscription qui se lisait sur ce tombeau, au-dessous des armes et du collier de l'ordre de la Toison-d'Or.

> Icy gist dessous cette lame
> Le noble corps dont Dieu ait l'ame
> De M. Jean de Luxembourg.
> Sr de Ville et Culembourg,
> Homme saige donc vertueux,
> Sans reproche non vitieulx,

Qui en son temps bien gouverna
Le Roi Philippe tant qu'il regna.
De son ordre fust chevalier,
Premier chambellan conseiller,
Jamais à nul il ne fist tort
Des gens de bien pillier et port.
La mort la print pour icy mettre
Deux ans après le Roy son maistré ;
En la vraye fleur de son âge
Dont c'est pitié et plus dommage.
L'an mil cinq cent et huit mourut
Au mois de septembre il fut
A Bruxelles pour son séjour,
Droit le vingt et nuenne jour.
Vous aultres qui lirez ce dict
Pour luy direz DE PROFUNDIS.

Les Dominicains de Douai avaient une fort belle bibliothèque qui a été transportée au dépôt des livres, l'an IV de la République. La bibliothèque de Douai en possède le catalogue.

Après vient la rue des Dominicains, autrefois rue *Castel-Bourgeois,* — de *Sainte-Catherine-au-Castel —* et *des Prescheurs.*

A l'ouest est le pont tournant des Dominicains ; antérieurement à 1821, ce pont était en maçonnerie.

On rencontrait ensuite un flégard, conduisant du Marché-aux-Poissons à la rivière vis-à-vis le *Minck.* En 1718, au bas de ce flégard, se trouvait un abreuvoir. Après viennent la passerelle et le pont de la Massue, dit primitivement pont *à l'Laigne.* Ce pont séparait autrefois la Flandre du Hainaut ou le Royaume et l'Empire. A compter de ce point et en suivant le cours de la Scarpe, le milieu du fil d'eau divisait la juridiction des deux prévôts de Douai. Celui de la ville avait les paroisses de Saint-Pierre, Saint-Jacques, Notre-Dame, Saint-Nicolas et Saint-Amé (Flandre), et celui de Saint-Albin, la paroisse sous ce vocable (Haynaut). Un douaisien, s'étant noyé, en se baignant dans la rivière, sa famille réclama la succession ; le comte de Hainaut y prétendit droit. Les échevins de Douai délivrèient une attestation, portant que la rive droite de la Scarpe, étant *terre d'Empire*, les héritiers du défunt n'étaient pas soumis au droit d'aubaine. Cette attestation leur donna gain de cause. Pour rendre plus sensible l'effet de cette décision, il est bon de dire que l'étendue de la juridiction du prévôt de Saint-Albin était du diocèse de Tournai (Haïnaut), et que celle du prévôt de Douai était du diocèse d'Arras (Flandre).

L'ancien pont fut remplacé en 1821.

Un flégard, nommé *Constantin* s'ouvrait entre la brasserie de M. Pinquet et le Palais-de-Justice. Vers la place du Palais était le derrière d'un corps-de-garde donnant sur cette place, désignée sous le nom de *Banc des Agaches*.

Le pont du Rivage—en 1793 pont de *la Justice*—se présente alors. Ce pont conduit au rivage et à la rue de ce nom, autrefois rue du *Blanc Musiel*,—du

Blanc Musiau,—*del Blanque Tiète,*—de l'*Eléphant.*
—En 1794, de *Guillaume Tell.* Au coin du rivage au
nord-ouest, près de la Scarpe s'élevait une énorme
croix de fer, qui fut enlevée en 1771.

Plus bas, en suivant la rive droite, aboutissaient les
flégards de la *Catoire* et du *Vieux-Pont* communiquant
à la rue du Vieux-Gouvernement ou *Rique Rue.* La
rivièrette qui alimente le moulin de Notre-Dame-des-
Wetz, conflue après avec la Scarpe ; ce moulin existait déjà au XIIIe siècle, sous la dénomination du
Moulin *du Peuplier.*

Voici le pont à bascule de Tournai. Il fut d'abord
construit en bois vers 1561 ; auparavant on y passait
la Scarpe sur une planche. Ce pont plus tard avait été
bâti en grés. Celui-ci fut démoli lors des travaux de
canalisation en 1826.

Nous avons omis de dire, lorsque nous avons parlé
de la rue du Pont-de-Tournai, que, sur l'emplacement
de la demeure de M. Barbedienne, avoué, se trouvait
une ancienne habitation, dite *Maison des Pierres;*
qu'à côté de cette maison s'ouvrait un flégard conduisant à la *Cour de la Sablonnière*, vaste demeure qui
avait son entrée rue de Notre-Dame-des-Wetz, et où
l'on a bâti la brasserie de M. Tarlier, dans laquelle est
né M. Choque, député au Corps législatif; que la placette Notre-Dame-des-Wetz se nommait en ce temps
Place de la Sablonnière et que, lors de l'établissement
des petites boucheries, on l'appela la *Picorée.*

Au nord aboutissaient de la Scarpe à la rue des Wetz les flégards du *Marbrier*, de la *ruelle d'Or* et *des Bacques*.

Le pont de Saint-Vaast était en 1592, où il fut établi, appelé *Pont Tortu*, parce que sa direction était torse, il le fut ensuite *Pont Saint-Antoine*, *Pont de Bos*, et en 1793 *Pont des Victoires*.

Un autre pont nommé *Pont des Béguines*, situé vis-à-vis l'entrée des casernes de Marchiennes, conduisait, dans le siècle dernier, de la rue de Saint-François à celle des *Béguines* ou du Champ-Fleury. On voyait encore une des arches en 1815.

Le pont de l'Abbaye-des-Prés avait été bâti en pierre vers 1538 ; c'est aujourd'hui un pont à bascule à double tablier. Avant l'établissement du chemin de hallage, la demeure située entre ce pont et l'abreuvoir de l'Esplanade arrivait jusqu'à la Scarpe.

Après, l'Esplanade longe la rivière. C'était anciennement un rivage servant de dépôt de matériaux.

Puis se développe jusqu'à la sortie des eaux le *quai de la Barque*, ainsi nommé parce que la barque qui allait de Douai à Lille quotidiennement, y stationnait et que l'administration de cette voie de transport y avait son bureau.

Sur ce quai se trouve une dépendance de l'Arsenal, dite autrefois *fosse aux moyeux*, qui sert de dépôt de matériaux, et à côté le vaste magasin aux fourrages militaires. Ces terrains étaient, en d'autres temps, entourés de fossés de toutes parts. Ce clos avait nom place *aux moyes* (meules). D'après les ordonnances politiques de la ville, fesant suite aux coutumes de l'échevinage, il était défendu aux manants et habitants de *faire moyes de paille, fagots et menus bois ès courres et jardins situez en la pleine habitation de cette ville*, par crainte d'incendie ; on devait les faire à la place aux *moyes*, sous peine de cinquante florins d'amende.

Le 23 juillet 1860, un incendie considérable éclata vers huit heures du soir dans le magasin aux fourrages, et dévora 3,300 quintaux de foin et 5,247 quintaux de paille estimés 70,000 francs.

Avant l'établissement de la régie, à l'extrémité du quai de la Barque était une manufacture de tabac, appartenant à un sieur Dubourg.

Au bas du rempart se trouve la rue du Temple et un magasin à poudre. Derrière le Temple était une porte de la ville dite du *Temple*. C'est par cette porte que le roi Jean avait fait son entrée en 1359. Elle cessa d'être ouverte lors de la construction, un peu à l'est, de la *nouvelle porte du Temple*, aujourd'hui porte Morel.

La porte de l'*Eau* ou porte de *Sortie des Eaux* a été reconstruite en partie vers 1756. Au-dessus de la voûte, sur le rempart, est un corps-de-garde ; le bâtiment qui lui fait face au nord servait à la manœuvre de la herse. On a retréci le cours de la rivière sous la voûte afin de pratiquer le passage du chemin de hallage, depuis quelques années. L'écu de grande proportion que l'on voit au sud, au-dessus de cette voûte, et que l'on a mutilé, à l'époque de la Révolution, portait les armes d'Espagne. On distingue encore des fragments de la couronne et de la décoration de la Toison-d'Or.

En remontant, au sud, la rive gauche, tout le terrain compris entre la Scarpe et le rempart était occupé par des blanchisseries. Plus tard des bains publics furent établis au bord de l'eau par les sieurs Magin et Ségard. Le premier avait ouvert à côté de ces bains une sorte de guinguette, où se donnaient, pendant la belle saison, des *bals champêtres*.

A ce point de la Scarpe existait un sas ou écluse à deux ouvrants, que l'on avait construit en 1759 ; il a été supprimé en 1821. Une passerelle, pour les piétons, conduit présentement d'une rive à l'autre.

La rue du Champ-Fleuri, dite jadis de *Glatignies*, venait, à cette hauteur, aboutir à la Scarpe. Cette rue était limitée au nord par un large fossé et au sud par la muraille d'enclos de l'Abbaye-des-Prés.

Cette belle et vaste abbaye, dont nous parlerons plus au long, à l'article sur la rue des Wetz, était bornée au sud par une rue appelée des Béguines, qui s'étendait de la rue des Wetz à celle de *Glatignies* ou du Champ-Fleury.

La rive ensuite jusqu'au pont Saint-Vaast appartenait au collége de ce nom. Après avoir traversé le rivage Saint-Vaast, les demeures à l'est de la rue des
Potiers ou des *Navieurs* se prolongeaient jusqu'au
bord de la rivière, ainsi que celles après le pont de
Tournai.

La rue du Gros-Sommier qui, maintenant, arrive à
la Scarpe, ne s'étendait pas autrefois jusque-là. Elle
avait son extrémité au point de jonction avec la rue de
la Verte-Porte, jadis dénommée successivement rue
du *Moulin Taquet* — *Basse rue des Foulons* — *rue
Jourdain Clinquart* — *du Pont Wicart,* — *de la Fontaine du Havet.* Cette rue du Gros-Sommier avait
aussi porté le nom de *ruelle du Plankier* et de *rue des
Merciers.* Elle a une descente à la Scarpe. Le chemin
de hallage se prolonge ensuite, sans interruption, de là
à l'entrée des eaux. Dans ce parcours, les habitations
arrivaient aussi toutes à la Scarpe jusqu'au pont du
Marché-au-Poisson.

Un peu avant le rivage, sur un bras de la Scarpe
qui vient y aboutir, se trouvait le moulin *Taquet*,
d'abord affecté à la mouture du blé, et dont on avait
fait une papeterie. Cet établissement a cessé d'être.

Après le pont du Marché-au-Poisson, on entre sur
le quai Saint-Maurand que décorent de belles demeures. Sur l'emplacement de celles de Mme Dubus et de
M. Dumortier était le fief *de la Fouillerie,* propriété

importante que limitait, au midi, la rue de la Fontaine Saint-Maurand, aujourd'hui simple ruelle. Au haut de la rampe de cette rue, à droite, se développait une autre grande propriété, nommée le *fief de l'Escaillerie*. Ces deux fiefs sont mentionnés dans le dénombrement du 1er juillet 1585.

La rue de la Fontaine Saint-Maurand descendait de la vieille tour, dite des *Creux*, ou des *Châtelains*; devant elle s'ouvrait un pont que l'on avait reconstruit en 1802 et qui fut démoli en 1821. Il aboutissait par une ruelle au Marché-au-Poisson, dans le coin sud-ouest, vis-à-vis le minck, comme on l'a vu plus haut.

Au coin de ce quai et de la rue du pont des Dominicains, devant la brasserie de Saint-Maurand, dans laquelle est né M. Preux, premier président honoraire à la Cour, coulait la *Fontaine Sainte-Rictrude*, où les femmes du peuple allaient *répamer le linge*, ce qui leur était interdit de faire à celle de Saint-Maurand.

Nous sommes parvenus sur le u ai des Augustins. La belle demeure de M. Dubois-Wastelier était, en 1810, occupée par M. Lesage, avocat. Au sud de cette maison aboutit la brasserie de M. Digard, ancien capitaine d'infanterie sous l'Empire, chevalier de la Légion-d'Honneur.

Le moulin, sis au coin du quai et de la rue d'Infroi, appartenant à M. Carton, avait pour vocable le *Moulin du Brai*, il était banal et le prévôt avait une part dans ses produits. Fort ancien, d'ailleurs, car il en est fait mention dans un titre de 1240, de Fernand, comte de Flandre et de Jeanne, sa femme. Il fut vendu à Paris, le 11 décembre 1816, au prix de 32 mille francs. Alimenté par la branche de dérivation qui vient de l'ouest, il était séparé de la Scarpe par une place nommée Gazet ; au bord de la rivière où se trouve à peu près le haut du bassin des Augustins , était un autre moulin, dit d'*Escouflers*.

La rue d'Infroi, à l'entrée de ce côté, s'appelait primitivement rue de *Launoy ;* là était la porte de ce nom , les murailles et les fossés formant les limites du vieux Douai. Après la porte de Launoy, sur le quai du Petit-Bail , nommé d'abord *quai Royal*, était anciennement l'étuve du *fort Huys* (de la porte). On nommait *étuves* les maisons de bains, ainsi que celles des filles de joie , placées sous la surveillance de la police. Vers 1600 , les échevins achetèrent cette habitation et en formèrent une *étuve échevinale , attendu* qu'il n'*en existait plus en ville* (1). On l'appela dès lors les *Rosettes*. La vente fut faite « avec toutes les couches , » châlis , estancq , cuves , caudières, ustencils et offi- » cines étant en ladite maison et servant au fait et stile » des estuves. » Dans tous les temps et dans tous les pays , les maisons de prostitution ont existé.

---

(1) En 1568 , les échevins avaient fait fermer tous les lieux de débauche, à cause de la création de l'Université.

Après les croisades, l'usage des bains devint très fréquent en France. La plupart des lieux où on les donnait se convertirent bientôt en lieux de débauche, et le nom d'*étuves* leur fut commun.

Il ne paraîtra pas hors de propos de donner ici un extrait d'un règlement du XVe siècle sur les étuves et les filles de joie, comme peinture de mœurs de ce temps :

« Sur chaque femme de *folle vie* qui viendra de-
» meurer à Douai en *étuve* ou en *b.....*, le *roi des*
» *Ribaulx* aura pour bien venue, pour la première fois,
» deux *gros* (1).

» Sur chacune de ces femmes, *un gros* chaque
» mois.

» Si elles changent de maison en ville, *un gros.*

» Sur chaque homme ou femme tenant *hostel* ou
» *bouticle*, *hébergeant* ou soutenant telles femmes de
» *folle vie*, *un gros* chaque mois.

» Sur chaque femme d'*estuve* ou de *b.....*, le roi
» prendra, à la fête de Saint-Pierre, *un gros*, et à la
» fête de Saint-Remy, *un gros.*

» Sur les femmes mariées, filles ou mesquines qui
» mésuseront de leur corps, le dit roi pourra prendre
» à son proufit le *mantel* ou *capperon.*

(1) Le *gros* valait *demi-patart*, sept deniers et demi, ou trois centimes un huitième.

» A ces conditions , le *roi des Ribaulx* sera tenu
» de faire les services dus et accoutumés aux échevins
» et en la halle. »

En 1632, les pères Augustins, qui avaient une demeure rue d'Equerchin , établirent leur couvent sur
l'emplacement des Rosettes , et l'habitèrent jusqu'en
juillet 1791 ; bientôt après le 23 juillet 1792 , il fut
vendu par l'Etat et sur ce terrain on construisit des
maisons particulières.

Les pères Augustins ont eu de nombreux procès ,
non seulement avec leurs voisins , mais encore avec
l'échevinage. Ils ne démentaient pas la réputation pro-
cessive et guerroyeuse, que Boileau rappèle , lorsqu'il
fait dire à la Discorde, dans le premier chant du lutrin:

J'aurai fait soutenir un siége aux Augustins !

La demeure sur le quai du Petit-Bail , portant le
n° 30 , est habitée propriétairement par l'honorable
président du tribunal de première instance , M. Rossignol , ancien conseiller municipal , ancien membre du
conseil général du département du Nord. En continuant
vers le sud se trouve la belle fabrique de M. Bailey et
ensuite l'important moulin à farine de M. Démolin ,
limité par le rempart. Autrefois , de l'autre côté de ce
rempart, était un autre moulin , que la ville afferma en
1670 , au commissaire des poudres et salpêtres. Cette
usine ayant sauté en 1675, ne fût pas rétablie. A cette
époque on construisit à l'intérieur le moulin de M. Démolin.

La Scarpe, de la porte d'entrée des eaux à celle de sortie, a un parcours de 1,909 mètres.

~~~~~~~

TRINITAIRES (RUE DES).

La partie sud se nommait primitivement rue *Saint-Nazaire*, rue du *Neuf-Ponf*, — celle nord, rue de la *Trinité*. — En 1794, rue des *Jardins*.

Sur le côté est, en quittant la rue du Canteleu, sont des bâtiments dépendants de l'Hôpital-Général, puis l'impasse, aujourd'hui clot, nommé le *Doco*, et plus tard ruelle *En face des Cotteries*.

Après se trouve un bel et vaste hôtel qu'habitait, en 1788, M. Wavrechin du Lompret, chef des échevins. En 1790, cet hôtel fut le siége de l'administration du district de Douai ; ensuite il devint la demeure de M. de Wavrechin fils, colonel de la garde nationale, dont la fin fut si malheureuse et si tragique ; depuis celle de sa respectable veuve, née de Cambronne (1).

Vis-à-vis de la rue Saint-Jean s'ouvrait un flégard,

____

(1) C'est maintenant un annexe de l'Hôpital-Général.
~~~~~~~

conduisant au bas du rempart , et que l'on appelait la rue du *Chauffour à la Garance*. Ce chauffour se trouvait sur le cours d'eau qui passe au sud de la rue St-Jean. Le commerce de la garance était alors considérable à Douai , et la culture de cette plante , pour la teinture , était très répandue dans le pays.

La maison n° 16 était habitée, au moment de son décès, par le brave colonel de Rayniac , commandeur de la Légion-d'Honneur , chevalier de Saint-Louis et de Ferdinand d'Espagne , ancien commandant de la place de Douai, dont le souvenir est encore cher à tous ceux qui l'ont connu.

Puis venait, en 1789, le couvent des Trinitaires ou des Chanoines réguliers pour la Rédemption des captifs, sur l'emplacement duquel ont été construites des maisons particulières. Les Trinitaires s'étaient établis à Douai , vers 1252, dans un terrain sis hors de la ville , que leur avait donné Evrard de Saint-Venant ; mais en 1320 , leur monastère et leur église se trouvant compris dans le périmètre des nouvelles fortifications de la place , ils bâtirent un autre couvent , avec église , sur l'emplacement dont nous parlons. Dans cette maison firent profession : Robert Gaguin, qui devint général de l'ordre et précepteur du roi Charles VIII, auteur de plusieurs travaux historiques estimés, dont le chef était conservé dans l'église des Trinitaires (1) ;

(1) On a dit à tort que le chef conservé était celui de *St-Roch.*

Jean Thierri , provincial et vicaire général du même ordre, doué d'un beau talent oratoire ; et le fameux Du Laurens, l'auteur du *Compère Mathieu...*, né à Douai. le 27 mars 1719.

Au moment de la Révolution de 1789 , on voyait encore au couvent des Trinitaires une cage dans laquelle cet homme extraordinaire avait été enfermé , pour ses méfaits , pendant qu'il était profès en cette maison. La cage en bois était séparée des quatre murs de la grande chambre dans laquelle elle se trouvait par un espace égal, suspendue au plafond et n'atteignant pas le sol ; on l'avait garnie d'une couchette et on y avait déposé le coupable sans lui laisser les moyens d'écrire. Il vécut quelques mois dans cette singulière prison , cependant de l'intérieur de son étrange volière il trouvait encore à exercer son esprit facétieux et satirique ; il gravait au moyen d'un morceau de fer ses quolibets et ses épigrammes sur les ais de bois qui formaient sa cellule ; ils en étaient entièrement couverts.

L'église de cette maison était considérée comme un lieu d'asile pour les délinquants ou criminels.

Ce couvent fut vendu avec ses dépendances par l'Etat, en 1795.

On lit dans un manuscrit du XVIIᵉ siècle , ce passage singulier par rapport aux Trinitaires (1) :

(1) Bibl. de Douai. Ms. 852, t. IV.

« La Sainte-Trinité de la Rédemption des captifs
» fust instituée l'an 1198 , sous Innocent III et con-
» firmée par son successeur en 1209. Ces Pères se
» vantent de n'estre pas de la fabrique des autres
» hommes ; mais de celle de Dieu , lequel en donna le
» dessein au bienheureux Jean de Mata, gentilhomme
» provincial et docteur en théologie à Paris , et à
» l'hermite Félix de Valois , qui s'était retiré dans
» la solitude de Cerfroy, près de Maulx. Ces religieux
» se nommaient les frères aux ânes à cause qu'ils
» ne pouvaient se servir que de cette monture. »

A l'extrémité de cette rue était le cimetière dit le
Purgatoire, dont nous avons parlé dans l'article sur la
rue de Lewarde.

Sur le côté ouest se trouvaient des bâtiments dépendants du couvent des Carmes-Déchaussés ; il n'en
reste debout que la partie qui forme la Manutention des
vivres de la guerre.

Après la rue des Carmes vient aboutir le bel hôtel
de Mme Franqueville de Bourlon. Il a été construit
dans le siècle dernier pour M. Hennecart de Briffœul ,
habité par son fils, chef de légion de la garde nationale
lors de la réorganisation de cette milice , en 1804 ;
ensuite par un homme de grande distinction M. Man-
gon De Lalande , mort directeur des domaines et de
l'enregistrement, auteur de plusieurs écrits philosophi-
ques et archéologiques remarquables. C'est dans cette

14

maison qu'en 1800, se reforma la loge maçonnique de Douai. Après M. Delalande, elle fut le siége du quartier général du brave général Lahure, membre du Corps législatif, commandant le département du Nord, dont le nom est honoré dans la cité. Enfin elle fut achetée par Mmes Pamart, qui y reçurent le roi Charles X, lorsqu'il vint à Douai, en 1827.

Après la rue Saint-Jean se trouvait le mur de clôture du couvent des Brigittines.

Au bout s'ouvre la rue des Cotteries, autrefois des *Escos*, de l'*Escoterie* (des Filoux, de la Filouterie).

UNIVERSITÉ (RUE DE L').

Cette rue, portait en 1400, le nom de rue du *Mès*, (du marché), à cause de son voisinage du marché de la halle. Plus tard elle fut appelée rue des *Lombards*, qualification que l'on donnait alors aux maisons de prêt (1). Lorsqu'en 1618, la comtesse de Flandre

(1) Le nom de *Lombard* devait son origine à ce que les premiers banquiers établis en France, é.aient venus de la Lombardie. Les maisons de prêt se nommaient *tables de prêt*.

Isabelle-Claire-Eugénie et son mari l'archiduc Albert fondèrent les Monts-de-Piété, dans les Pays-Bas ; celui de Douai, déjà créé, fut placé à l'extrémité sud de cette rue, qui prit delà le nom de Mont-de-Piété. En 1793, elle fut nommée rue de la *Surveillance*, et, après la Terreur, redevint rue du Mont-de-Piété. Lors de leur création en 1450, ces établissements (*Montes pietatis*), étaient en parfait rapport avec leur nom ; les prêts y étaient entièrement gratuits et faits au moyen de fondations charitables. Vers le commencement du XVIIe siècle, ils ne prêtèrent plus seulement sur gages, mais avec des intérêts, qui varièrent depuis un jusqu'à *quinze* pour cent. Aussi le nom de Mont-de-Piété éveille-t-il un sentiment pénible, l'idée d'un état de gène, de misère, de malheur (2). Nous l'avons donc vu remplacer, avec plaisir, par celui de l'Université. Sur l'emplacement de l'ancien Mont-de-Piété, notre premier magistrat municipal, à qui la ville doit déjà tant d'importants travaux pour l'utilité et l'embellissement de la cité, a eu l'heureuse pensée d'installer l'Académie et la Faculté des lettres ; il a fait restaurer d'une manière convenable l'ancien bâtiment et l'a fait approprier avec élégance à sa nouvelle destination : grâces lui en soient rendues ! Le nom de rue de l'Université est caractérisque pour Douai ; il rappelle un souvenir honorable, et

(1) Les directeurs de Mont-de-Piété, avant 1790, se nommaient *Surintendants*. Le premier qui prit ce titre à Douai fut Claude Comelin, de la famille du célèbre imprimeur de ce nom.

la persévérance éclairée de son culte pour les sciences et les lettres.

Lorsque vous entrez dans cette rue par le nord , à gauche sont d'abord les halles , contigues à l'Hôtel-de-Ville — qui se nommait aussi jadis la Halle. Là se tenaient des marchés , des entrepôts de toutes sortes de vivres , de marchandises et même de draps , et aussi le *grand poids* de la ville.

Le premier hôtel que l'on voit ensuite, occupé maintenant par M. Remy de Campeau, était au moment de la Révolution, l'habitation de M. le baron de Lagrange, chevalier d'honneur au Parlement de Flandre , chef de l'honorable famille douaisienne de ce nom. Auprès se trouve le café du *Bon Goût,* longtemps qualifié *café Chouchou ,* du sobriquet de son propriétaire. L'hôtel voisin, occupé par M. de Maingoval, a été la demeure d'un homme de grande distinction , dont le nom sera longtemps en vénération dans la ville de Douai. Nous voulons parler de M. De Forest de Quartdeville , ancien avocat général au Parlement de Flandre , et puis maire de Douai , mort pair de France , premier président à la Cour impériale. Sur l'emplacement de cette maison s'élevait autrefois la chapelle de Saint-Nicaise , qui fut supprimée en 1735, et dans laquelle on voyait deux bons tableaux de Wast-Bellegambe, peintre d'un beau talent , né à Douai dans le XVIIᵉ siècle. Vis-à-vis cette chapelle était un puits commun , de grande proportion. Venait ensuite la maison des égards des orfèvres. La corporation des orfèvres et étainiers avait dans ce temps à Douai, beaucoup d'importance , ainsi qu'on en peut juger par ses statuts. Vers 1631, près de cette maison fut établi le séminaire Hattu , que fonda un bourgeois de Douai , Claude Hattu , pour des enfants de cette ville, qui devaient étudier , au moins la grammaire. Ce séminaire a été vendu comme bien de l'Etat , en 1794. Le reste de la rue de ce côté, jusqu'à celle de la Comédie, est occupé par l'hôtel académiqne ; cet hôtel est habité par le Recteur ; là se font les cours de la Faculté des lettres. Sa vaste étendue permettra d'y abriter la Faculté de droit , si, comme nous avons lieu de l'espérer , il en est prochainement fondé une à Douai , ainsi que l'appellent les vœux de la cité et ceux des villes qui nous avoisinent.

Sur le rang-ouest , la première demeure au sud , était au commencement du siècle un élégant café , nommé d'*Ecaudain*, du nom de son propriétaire, et où se réunissait la jeunesse dorée de l'époque. Cet hôtel est devenu depuis la propriété d'un personnage distingué sous tous les rapports , M. Prouveur de Pont , baron de Grouard , ancien député du Nord à l'Assemblée législative , plus tard préfet des départements de l'Indre et de la Vienne. Il est encore habité par sa digne veuve. En 1788 , cet hôtel était la demeure de M. Marteau , conseiller-secrétaire du roi , officier de la chancellerie du Parlement.

Celui qui le touche a été occupé par M. Delattre de

Balzaert , citoyen très recommandable , conservateur des eaux et forêts ; il est aujourd'hui la demeure de sa respectable veuve, née de Warenghien de Flory (1).

Puis vient un flégard où impasse , qui porta longtemps le nom d'Haucourt ; ce nom lui avait été donné en souvenir de Iehan de Haucourt, bailli de la ville, à cause des services qu'il avait rendus en cette qualité.

La maison , portant le n° 26 était en 1788 , celle d'un homme , qui a laissé parmi nous les plus honorables souvenirs. M. Delecroix , alors avocat au Parlement , professeur d'histoire au collége d'Anchin ; depuis secrétaire-général du ministère de la justice , conseiller à la Cour impériale de Paris , bâtonnier de l'ordre des avocats de Douai, mort maire de cette ville, officier de la Légion-d'Honneur. Un peu plus au nord était une sortie de derrière de la maison religieuse, dite Minimes ; puis une autre ruelle ou impasse dite *au sacq* , parce que les *porte-aux-sacqs* (portefaix) , s'y tenaient en attendant l'ouverture des marchés des halles. Au n°ˢ 12 et 14 fut longtemps un café , fort suivi par les jeunes gens , nommé *café Capel*.

Au n° 6, dans le XVII° siècle, existait une taverne, tenue par Marie Fournier, surnommée *Marie à porions*, du village de Rouvroy ; laquelle, par sentence du 27

____

(1) Habité en 1786 par M. Vanrode, conseiller au Parlement de Douai, ensuite président à mortier à celui de Metz.

juin 1679 , fut condamnée comme *sorcière* , a être étranglée, ce qui fut exécuté. Après avoir subi la strangulation, son corps fut jeté au feu, traîné sur une claie au Raquet, hors la porte de Paris , où depuis avait été établi un cimetière commun , et attaché à une fourche patibulaire.

N'oublions pas de rappeler que le restaurant Canilliot a été le siége d'une société chantante , créée à l'instar du *Caveau Parisien* , sous le titre des *Bons Enfants de Gayant* ; elle se composait de citoyens notables , parmi lesquels se trouvaient de graves magistrats , qui n'étaient pas les moins gais de cette réunion bachico-lyrique. Les membres payaient leur tribut par des couplets en l'honneur de Gayant et de sa famille. Ces chansons ont été publiées , sous le titre d'*Etrennes Douaisiennes* ou *Recueil de chansons dédiées aux Enfants de Gayant*, 2 vol. in-24, 1818 et 1819, imprimés chez Villette-Jacquart.

Comme toutes choses , cette joyeuse et fraternelle réunion a eu sa fin.... (1) *Sic transit !*

---

(1) Précédemment les *Enfants de Gayant* siégeaient dans la maison qui fait face à celle-ci.

VALENCIENNES (RUE DE).

Autrefois rue dehors l'porte du markié,—Notre-Dame.—En 1794, rue de Bouchain.

Le cours d'eau qui passe sous la rue du Pont-des-Récollets , en quittant la Grand'Place, formait la limite de Douai au XIIIe siècle , là s'ouvrait une porte. A cette époque on construisit l'église Notre-Dame , qui se trouvait donc *hors de la ville*, alors.

En entrant dans cette rue sur le côté sud-est de la rue de la Cuve-d'Or , autrefois du Canon-d'Or , est la maison de M. Tréca-Leleu , conseiller municipal , administrateur du bureau de bienfaisance. Elle a été habitée par M. Evrard, procureur-syndic à l'échevinage en 1788 et ensuite conseiller à la Cour de Douai.

La demeure qui lui est contigue était en 1788 occupée par la famille patricienne de Ruyant de Cambronne. C'était anciennement la maison des filles de la Charité , appartenant aux Hospices. Elle avait été vendue en 1765 à M. Ruyant de Cambronne pour le prix de 5030 florins. Elle fut plus tard habitée par l'honorable M. d'Haubersart , premier avocat-général à a Cour ; sa digne veuve l'occupe maintenant.

Après avoir passé la rue Pépin , autrefois rue de la

Fesse ou ruelle *Peinte*, se trouve l'auberge de l'*Homme-Sauvage*, où naquit en 1752, le brave général de cavalerie, baron Scalfort, une des gloires militaires de la cité et dont le nom décore une de nos rues nouvelles. L'auberge de l'*Homme-Sauvage* existait déjà en 1475.

C'était une auberge pour les *voyageurs à cheval* ; nous faisons cette mention parce qu'alors il y avait des auberges pour les voyageurs à pied , et d'autres où ne logeaient que les gens à cheval.

On lisait sur la porte principale de ces hôtelleries , en gros caractères , soit :

Aux auberges des voyageurs à pied :

— Dinée du voyageur à pied, *six sols.*
— Couchée du voyayeur à pied, *huit sols.*

Aux auberges des voyageurs à cheval :

— Dinée du voyageur à cheval, *douze sols.*
— Couchée du voyageur à cheval, *vingt sols.*

Un voyageur à pied aurait voulu diner, souper splendidement comme un voyageur à cheval , il ne le pouvait ; un voyageur à cheval aurait voulu diner, souper sobrement comme un voyageur à pied il ne le pouvait non plus. Les lois empêchaient l'un de trop dépenser , l'autre de ne pas dépenser assez (1).

La muse douaisienne, Marceline Desbordes-Valmore,

---

(1) Ordonnance relatives aux hôtelleries , mars 1577 et mars 1579.

une autre gloire de la cité, vit le jour le 20 juin 1786, dans la maison portant le n° 36, et au front de laquelle se trouve une niche vide de sa madone. Un temps viendra, sans doute, où notre administration, si justement fière, de nos célébrités locales, décorera aussi une de ses rues du nom de *Marceline Desbordes.*

Voici l'église Notre-Dame bâtie dans le XIIIe siècle. Les dépendances de cette paroisse faisaient alors partie de celle Saint-Pierre. La population s'étant considérablement accrue et le clergé de cette église ne pouvant plus suffire pour administrer les secours spirituels à tous ses fidèles, sur la demande de Jacques de Dinant, évêque d'Arras, le Chapitre de Saint-Pierre se décida à former la paroisse de Notre-Dame, de la partie de son territoire, sise hors des murs de la ville vers l'est. La nouvelle paroisse fut consacrée à la sainte Vierge et sa fête principale fixée au 25 mars, jour de l'Annonciation. Il y avait pour la desservir quatre prêtres, deux chapelains et un clerc. Nous ne nous étendrons pas davantage sur l'église de Notre-Dame dont nous avons donné l'historique dans la monographie que nous en avons publié en 1858 (1).

Cette rue à l'est est bornée par la porte Notre-Dame ou de Valenciennes primitivement nommée porte *Vaqueresse,* parce qu'elle servait de passage aux vaches et autres bestiaux que les nortiers conduisaient paître

(1) Monographie de l'église Notre-Dame de Douai, in-8°.

dans le marais douaisien. Nous en avons donné la description.

Sur le côté nord de cette rue vers la porte de Valenciennes se trouve la place de Jemmapes d'abord appelée place Bourbon, formée de l'ancien terrain de l'hôpital des Chartriers ou des infirmes. On ne connaît pas la date précise à laquelle cette fondation avait eu lieu ; mais elle était d'*anchienneté et hors de mémoire d'homme*. Elle était affectée aux vieilles et pauvres personnes des deux sexes, infirmes, hors d'état de gagner leur vie et *pouvant à peine traîner leurs corps* ; leur nombre était fixé à 80. M. Brassart a mentionné des titres de donations, qui font connaître que cette maison existait déjà au XIIIe siècle. On en trouve l'historique détaillé dans son ouvrage (1).

La place actuelle fut établie en 1815.

Plus haut on traverse l'extrémité sud de la rue de l'Aiguille, autrefois nommée *ruelle de l'Amidon, — ruelle Crochart, — Neuve Rue.*

Plus haut encore se trouvait une entrée du couvent des Récollets-Wallons, dont nous avons parlé à l'article de la rue du Canteleu.

Vers le Pont-des-Récollets s'ouvrait un flégard, conduisant au cours d'eau, dit ruelle des *Frères Menus*

____

(1) Notices historiques, page 7 et suiv.

ou *Mineurs*, comme on qualifiait les Cordeliers et Récollets.

<center>~~~~~~~~</center>

VERDES-RUES.

On nommait *Verdes-Rues* (*rues vertes*), un quartier de la ville situé à l'ouest, borné de ce côté par le rempart, au nord par la rue d'Ocre,—appelée en 1793 du *Champ de Mars*, au sud,—par la rue d'Equerchin, à l'est par celles du Bloc et de Saint-Albin. La dénomination de *Verdes-Rues* leur était encore donnée dans un plan, dressé en 1794. On les qualifiait ainsi parce qu'elles n'étaient point pavées, que l'herbe y croissait. En général elles n'étaient habitées que par des nortiers (1).

Dans l'ancien Douai, les *Verdes-Rues* étaient hors murs.

Ce quartier comprenait donc les rues du Magasin-à-Poudre, des Chartreux, de Jean-de-Bologne, de l'Arbre-Sec, des Flageolets, de la Herse, du Four, du Petit-Mai et du Bloc.

(1) Nourrisseurs de vaches et de bestiaux.

La rue du Magasin-à-Poudre, primitivement nommée rue du *Pendeur* et des *Pendarts*, ne s'étendait que de la porte d'Equerchin à la poterne qui se trouve vis-à-vis la rue des Chartreux. Au bas du rempart se trouvaient, avant l'établissement des nouvelles fortifications, quelques habitations, qui furent supprimées lors de l'élargissement de ce rempart.

Le magasin à poudre a été construit en 1745.

Nous avons donné une notice sur la rue des Chartreux.

Celle de Jean-de-Bologne, fut appelée grande rue de *la Couture* (culture), ensuite des *Blancs-Moines*, après l'installation des Chartreux. Elle prit son nom actuel en 1821, lorsque la société centrale académique de Douai eut couronné l'éloge du célèbre statuaire douaisien, qu'elle avait mis au concours. L'administration la fit paver en 1829. Presque toutes ses constructions sont modernes. Vers son extrémité sud à l'ouest au front d'une grâcieuse habitation, on a eu l'heureuse pensée de placer dans une niche la copie en plâtre du beau buste de Jean-de-Bologne, dû au ciseau de M. Théophile Bra.

La rue de l'*Arbre-Sec* avait le nom de rue *Dorenlot*. Sur l'emplacement des maisons 3, 5 et 7 se trouvait l'hôpital de Harnes, qui avait été fondé par Marie de Harnes, en 1342, pour *six vieilles femmes*. L'Etat s'en empara à la Révolution, et il fut vendu le 19 décembre 1794.

En 1625 des religieuses carmélites avaient formé un monastère à Douai, rue Morel, sur un terrain aujourd'hui réuni à l'Arsenal. Ce monastère avait été vendu par l'Etat en 1795.

L'institution des Carmélites date de 1452 ; elle a été créée en vertu d'une bulle du pape Nicolas V. Ces religieuses sont entièrement cloitrées ; leur costume consiste en une robe ou scapulaire de drap couleur de minime ou tannée, et au chœur elles mettent un manteau blanc, avec un voile noir.

Les Carmélites ont été rétablies à Douai, par ordonnance du 26 avril 1829. Elles furent logées d'abord rue de l'Abbaye-de-Paix ; mais lors de l'établissement de la gare du chemin de fer, leur maison ayant été expropriée, elles firent construire une demeure et une vaste chapelle rue de l'Arbre-Sec.

La rue des *Flageolets* a pris son nom de l'enseigne d'un cabaret, sorte de guinguette dans laquelle, pendant la belle saison, se donnaient des bals en plein air.

Le cabaret sous l'enseigne de l'*Union*, où se réunit une société bourgeoise, était en 1788, la demeure de M. Caneau du Langries, échevin, faisant partie de l'arrière-conseil. Le magistrat de Douai,—on qualifiait ainsi le corps des officiers municipaux,—se composait des échevins en activité, d'un conseil et d'un arrière-conseil. M. Caneau était en même temps receveur de l'Hôpital-Général. Dénoncé, en avril 1794, comme *traitre et conspirateur,* au féroce Joseph Lebon , il fut arrêté , conduit à Arras , et livré à la guillotine. Son frère M. Caneau du Roteleur , ancien échevin aussi , avait été arrêté , sous la même accusation , et l'avait précédé à l'échafaud au mois de mars de cette année.

La rue de la *Herse* , précédemment rue de la *Colombe,* — de l'*Erche - Pasquier,* — *Ricordane ,* était presque entièrement bordée par des jardins ; vers l'ouest seulement se trouvaient deux demeures. Celle sur le côté nord était le vieux fief du *Pourchelet* , mentionné dans le dénombrement du 20 octobre 1571. Depuis quelques années on a construit dans cette rue plusieurs jolies petites maisons.

Celle du *Four* s'appelait le *Trou-d'Amour* , elle était limitée au sud par le jardin du couvent des Capucines. A son extrémité ouest est établie l'ancienne imprimerie Vinois, dont le titulaire actuel est M. Dechristé.

Au coin sud de la rue du Petit-Mès , que l'on écrit maintenant Petit-Mai (1) était le *Bloc-au-Verjus* dont nous avons parlé, et de l'autre côté une importante fabrique de poteries, exploitée par M. Massy-Coupez.

Les *Verdes-Rues* ont été presque toutes pavées depuis un demi-siècle ; la première qui l'ait été est celle du Bloc en 1781.

(1) *Mès* , maison , habitation , aussi *marché.*

VIERGES (RUE DES).

M. Plouvain dit avoir vu qu'elle se nommait rue des *Verges*...

Sur le milieu de cette rue, côté-ouest, se trouvait le refuge de l'abbaye des chanoines réguliers de l'ordre de Saint-Benoit, située à Hénin-Liétard, dans le Pas-de-Calais. Cette maison fût vendue en 1794 , elle comprenait tout le terrain, depuis la demeure qui porte encore son nom, jusqu'à celle faisant le coin de la rue d'Equerchin.

On assure qu'au moment de la Révolution, le corps de Saint-Maurand aurait été enlevé de Saint-Amé et caché dans le jardin de ce refuge.

C'est maintenant une auberge où descendent les campagnards. L'hôtel qui l'avoisine à l'est a été construit sur le terrain d'une partie de ce refuge ; il est occupé par M. Dumon, président de chambre à la Cour impériale.

Tant de familles se sont éteintes à Douai ou s'en sont éloignées depuis un siècle que, nous mentionnons avec plaisir, que la maison n° 1, sur le côté-sud de la rue des Vierges, est occupée par Mlles Willerval, appartenant à la famille de ce nom, qui a exercée la profession d'imprimeur à Douai , de 1725 à 1792 , avec une grande distinction.

La maison n° 17 était habitée en 1776 par M. Lejeune, avocat au Parlement, un des membres les plus distingués du barreau de cette époque. Après 1815, elle le fut par M. Demasur, ancien sous-préfet de Cambrai, membre du conseil municipal de Douai pendant longtemps. Nommé rapporteur, dans l'examen de plusieurs questions financières, M. Demasur a toujours rempli sa mission à la grande satisfaction du conseil et de l'administration.

WETZ (RUE DES).

On appelait *Wetz*, les passages qui conduisaient à la rivière et aux abreuvoirs de la Scarpe. Cette rue est formée de la réunion de celle de ce nom, qui s'étendait de la rue Notre-Dame des Wetz à celles des Malvaux et du pont de Saint-Vaast ; elle s'appelait les *Wetz des Tanneurs*, à cause du nombre de tanneries qui s'y trouvaient ; l'autre partie, jusqu'à l'Esplanade avait le nom de rue Saint-François.

La maison n° 4 était, en 1793, une boulangerie, à l'enseigne du *Saumon-d'Or*, tenue par un sieur Mar-

mouzet, qui a fait quelque bruit vers cette époque.
Attaché à l'ancien ordre de choses, il fût, sous la Terreur, le premier individu arrêté à Douai, comme aristocrate. Dénoncé par le club, qui siégeait aux Carmes-
Chaussées, on l'incarcéra au couvent des Ecossais, rue
des Bonnes, où est aujourd'hui le pensionnat de la
Sainte-Union, dont on avait fait une prison pour les
suspects, et pour les prêtres qui refusaient le serment
à la République, une et indivisible. Comme il y était
entré le premier, cette maison de détention fut surnommée l'*hôtel des Marmousets*. Son arrestation eut pour
cause principale le refus qu'il avait fait de livrer la statuette de Saint-Honoré, patron des boulangers, déposée chez lui, en sa qualité de syndic de la corporation.
Il l'avait cachée derrière son four, où on la découvrit.
Les patriotes qui s'en emparèrent la portèrent triom-
phalement au club, en entonnant le chant :

> Ah ça ira, ça ira, ça ira
> Les aristocrates à la lanterne !

L'hôtel habité par M. Allard, fils, a été la demeure du célèbre contrôleur général des finances de
Calonne, grand croix et chancelier de l'ordre du Saint-
Esprit ; ensuite celle de M. le marquis Bruneau de
Beaumetz, procureur général au Parlement de Flandre, plus tard procureur général près la Cour impériale
de Douai et député du Pas-de-Calais au Corps Législatif. En 1790, cet hôtel était l'habitation de M. Francqueville d'Inielle, président au Parlement.

Au-delà de la rue des bonnes venaient le couvent des Carmes-Déchaussés et son église. Ces pères s'étaient installés dans la rue des Wetz en 1635. Les échevins posèrent la première pierre de l'église le 20 février 1682. Louis XIV et la reine sa femme entendirent la messe, dans ce monastère, le 21 avril 1676. Un incendie, attribué à la malveillance, éclata dans cette maison le 1er août 1762, à neuf heures et demie du soir. Il réduisit en cendres le couvent, le toit de l'église, renversa le clocher et fondit les cloches. Le dommage réparé au moyen d'aumônes, l'église fut rendue au culte le 13 mars 1763, mais le clocher ne fut pas relevé.

Les Carmes sortirent de leur maison en 1791. La société populaire occupa ce couvent en 1792 ; une bouche de fer fut placée à l'entrée pour recevoir les dénonciations.

Ces bâtiments étant aliénés par l'Etat en 1809, on y établit une filature de coton. — Dans cette même année, l'église fut remise aux agents du département de la guerre, et sur son emplacement on construisit un hangard, qui sert aux exercices de l'artillerie pendant la saison rigoureuse. Dans ce hangard ont eu lieu des expositions de l'industrie et des solennités de l'instruction publique.

Au-delà de la rue des Malvaux se trouvait une auberge famée, sous l'enseigne de la *Chasse royale*, puis *nationale,* puis *impériale,* qui cessa d'être, après avoir repris son titre primitif. Elle était tenue en 1741, lors de la venue à Douai du duc de Chartres, par un sieur Leflon : plusieurs officiers de la maison du prince y furent hébergés. Venait ensuite l'hôtel Simon de Bersées, dans lequel furent placées, il y a quelques lustres, les sœurs de Sainte-Marie. Après étaient de grandes écuries, dépendantes du quartier de Marchiennes ; en suivant un beau manège, construit en 1762, pour l'école d'équitation fondée à Douai, sous les ordres du maréchal de camp marquis de Montchenu. Tous ces bâtiments font maintenant partie de la vaste caserne de Marchiennes où sont logés les régiments d'artillerie qui tiennent garnison dans la place. L'ancienne caserne s'appelait ainsi, parce qu'elle avait été établie en 1667, sous Louis XIV, dans le local du collége, créé en 1566, par l'abbaye de ce nom, sous l'administration de l'abbé de le Cambe dit Gantois.

En 1780, une fabrique de sayeterie et de moleton fût formée dans ce quartier. En 1789 douze métiers y fonctionnaient encore.

Au coin de cette rue et de celle Gamez était le séminaire de Tournai, fondé en 1630, par Maximilien de Gand, évêque de Tournai. Il a été vendu par l'Etat en 1795, et fut alors distribué en diverses habitations, depuis rachetées par lui, pour l'agrandissement de la caserne de Marchiennes.

En prenant le côté-ouest de cette rue, au nord, se

trouvait l'abbaye, dite des Prés, de l'ordre de Citeaux, filiation de Clairvaux. Son nom lui venait de ce qu'elle avait, d'abord, été établie, en 1212, hors des murs, dans les *prés*, entre la porte d'Ocre et la sortie des eaux. Vers 1477, Marguerite, comtesse de Flandre, à qui l'on avait remontré que cette maison dominait la ville de ce côté, craignant qu'elle ne put servir à battre la place, la fit démolir et donna aux religieuses un terrain dans la ville, nommé le *Champ Flory*, avec ses dépendances, où elles firent construire une vaste habitation et une belle église.

Le 15 juin 1741, le duc de Chartres, père du roi Louis-Philippe, vint à Douai, où il fut reçu avec beaucoup d'honneurs ; il avait une grande suite, dans laquelle on remarquait le duc de Boufflers, les marquis de Brézé, de Puiseaux, de Cernay, de Barbançon. Il descendit à l'Abbaye-des-Prés, où il fut traité avec magnificence.

Cette maison avait de grands revenus ; son abbesse était à la nomination du roi ; elle ne sortait de son monastère, dans le siècle dernier, qu'en carosse attelé de quatre chevaux. Depuis sa fondation jusqu'à sa suppression en 1791, elle a compté 42 abbesses, dont plusieurs appartenaient à de puissantes familles. La dernière fut Henriette-Anne de Maes, du Tournaisis.

Lorsque les religieuses eurent quitté le couvent, on y établit des boucheries militaires et on y logea des

troupes. Le 1ᵉʳ juin 1793 , un violent incendie consuma l'église , le clocher et le quartier dit des Dames.
Vendu par l'Etat en 1795 , il fut acheté , avec toutes
ses dépendances , par M. Paulée , qui en fit une habitation princière. A la mort de M. Paulée , cette belle
propriété a été acquise par M. Fleurquin qui la divisa.
Une partie forme l'abattoir public , une autre un établissement de bains, une troisième une filature de lin ;
le reste est distribué en un grand nombre de jardins et
de demeures particulières.

C'est dans l'orangerie de M. Paulée que , lors de
son passage à Douai en 1832, après le siége d'Anvers,
Louis-Philippe donna un splendide banquet, aux principaux fonctionnaires et à quelques notables habitants
de Douai.

L'hôtel voisin de la belle entrée de l'Abbaye-des-
Prés, qu'habite Mᵐᵉ la baronne de d'Haubersaert, était
autrefois destiné à recevoir les parents et les personnes
qui venaient du dehors visiter la dame abbesse.

Vis-à-vis l'entrée de l'ancien manége entre les demeures numérotées 63 et 65 s'ouvrait autrefois la rue
du *Pont-des-Béguines* , ainsi nommée parce qu'elle
était coupée par un pont jeté sur la Scarpe. Cette rue
llait aboutir à celle du Champ-Fleury, près la *fontaine
du Paradis*.

L'abbaye de Marchiennes avait un refuge dans ce
voisinage, qu'elle y avait fait construire en 1714, lorsque son ancien refuge devint le Palais-de-Justice actuel.

Le n° 51 fut longtemps habité par notre vaillant compatriote le général de cavalerie baron Scalfort. La maison de Mme Choquet-Delespaul était occupée dans le siècle dernier par la noble famille de Monvoisin, elle le fut ensuite par M. Defaulx, procureur syndic de la ville, et procureur du roi de l'arrondissement de Douai. M. Mellez-Defaulx, son gendre, qui a rendu de nombreux services à la cité, en qualité d'administrateur des Hospices, d'adjoint au maire, de directeur du Mont-de-Piété, demeurait au n° 45. L'hôtel ou réside M. Corne, ancien député, ancien procureur-général à la Cour de Douai et à celle de Paris, auteur de quelques ouvrages remarquables, fut bâti en 1750, par l'aïeul de M. Mellez-Defaulx, habité par lui et par son fils M. Mellez-Monvoisin. Celui-ci était officier à la Cour du Parlement et premier officier municipal en 1791. Il fut alors décrété d'accusation avec tout le corps municipal, par mesure révolutionnaire ; mais M. Mellez et ses collègues, avertis à temps par un ami qu'ils avaient à Paris, se refugièrent à Tournai et échappèrent aux proscriptions.

Après avoir passé la rue du Pont-de-Saint-Vaast, autrefois nommé, *ch'pont de bos* et *ch'pont tortu*, se trouve un flégard dit le *wez des bacques*. Le n° 35, occupé par M. Trinquet est la plus ancienne brasserie de Douai actuelle ; elle était connue sous la dénomination du *grand Saint-Arnould*, patron des brasseurs, et avait été construite en 1678 pour Thomas de Warenghien de Santes.

M. Lequien, docteur en médecine, ancien adjoint au maire, conseiller d'arrondissement, président du conseil de salubrité, habite le n° 34.

Après était la *grande porte*, nommée d'abord *ruelle d'Or ;* elle ne se composait que de maisons d'artisans ; sur son emplacement s'est élevée l'élégante demeure de M. Béharelle. En 1710, les maisons 21 et 23 formaient une hôtellerie, sous l'enseigne du *Figuier*. Venait ensuite le refuge de l'abbaye de Saint-Calixte, de Cysoing, de l'ordre des Augustins. Lors de la suppression des maisons conventuelles, ce refuge fut acheté par un sieur Rose qui la divisa. Dans la partie au sud, il fit édifier le bel hôtel maintenant occupé par M. de Moulon, premier président de la Cour impériale ; sur celle au nord, une grande tannerie. Plus tard, M. Dumont-Desmoutier, ayant acquis toute la propriété, fit de cette partie une sorte de petite cité. Une pierre entaillée, avec les armoiries de Cysoing, portant la date de 1624, qui est celle de la fondation du refuge, est déposée au Musée, à qui elle a été donnée par M. Dumont ; elle ornait le front de cet établissement.

La maison contigue à l'hôtel de M. de Moulon a été habitée par le célèbre jurisconsulte Merlin, de Douai, membre du Directoire, ministre de la justice, procureur-général à la Cour de Cassation ; ensuite par M. le docteur Taranget, nommé recteur de l'Académie de Douai, au moment de la réorganisation de l'instruction publique.

Plus tard elle le fut par un homme modeste et distingué, M. Brassart ; il avait fait presque toutes les campagnes de la République et de l'Empire, dans le corps de l'artillerie ; depuis le siége de Valenciennes en 1793, jusqu'en 1814. Brassart, lors de sa mise à la retraite, comptait 36 ans de services effectifs et 22 campagnes. Il était décoré de l'étoile de l'honneur.

Le n° 9 était en 1790, la propriété d'une dame aussi distinguée par son esprit, que par ses qualités, Mme veuve Goval. Lors de la suppression des monastères, M. Primat, supérieur de l'Oratoire et curé de Saint-Jacques, s'y réfugia. M. Primat fût bientôt après élu évêque constitutionnel du département du Nord ; il mourut en 1816, archevêque de Toulouse, sénateur et comte de l'Empire. Son anneau paschal et son portrait, peint par Hilaire Ledru, selon le vœu qu'il en avait exprimé, ont été donnés au musée de Douai.

Un flégard, aujourd'hui fermé, nommé ruelle *Saint-Georges*, se trouve entre cette maison et celle occupée par M. le conseiller Danniaux. Pendant longtemps, celle-ci fut la demeure de M. le docteur Reytier, médecin en chef de l'Hôtel-Dieu ; c'était, en 1790, la brasserie Gadelin.

La brasserie, qui porte le n° 5, est la plus ancienne

demeure encore debout de la rue des Wetz, après la brasserie de Saint-Arnould. Elle a été construite en 1727, ainsi qu'on le voit au front de rue, pour M. Potiez, de la famille douaisienne de ce nom, qu'on trouve mentionnée sur des actes de la fin du XIVe siècle. Dans cette brasserie était né, en 1753, le capitaine Potiez (André), mort à Equerchin en 1830, lequel avait fait, avec distinction, toutes les campagnes de l'Amérique, lors de la guerre de l'indépendance, sous les comtes d'Estaing et de Rochambeau. Le capitaine Potiez avait été ensuite commandant des grenadiers de la garde nationale de Douai, mobilisés en 1793 et envoyés à la défense de la Belgique.

Les marchés aux légumes se tenaient autrefois, dans la partie sud de la rue des Wetz, les lundis et mardis.

Cette rue, large, bien percée, ornée de belles constructions, est habitée, en général, par des personnes vivant dans l'aisance, aussi le peuple dans son naïf langage, dit-il, que ce n'est pas *une rue à braisettes*.

FORT-DE-SCARPE,

HAMEAUX DÉPENDANTS DE DOUAI,

CHATEAUX DES ENVIRONS.

FORT-DE-SCARPE.

Le Fort-de-Scarpe, élevé pour la défense de la ville de Douai, est situé sur le territoire de l'Escarpelle, autrefois dépendant de l'Artois. Les sas et écluses de la Scarpe et du canal de la Deûle s'y trouvent également. Ce fort fut construit en 1644, par ordre de don Francisco Mello, gouverneur-général des Pays-Bas, pour le roi d'Espagne, sur l'emplacement d'un petit fortin qui commandait aux bateaux montant ou descendant la rivière, pour le recouvrement des droits de navigation. On lui donna d'abord le nom de fort Saint-Antoine. Louis XIV en fit la conquête avec celle de Douai, en 1667, sur l'Espagne, il lui fut cédé, avec cette place, par le traité d'Aix-la-Chapelle en 1668, et la possession lui en fut confirmée par les traités de Nimègue et de Riswick. Ses fortifications n'étaient pas alors considérables. Il doit son extension, son nom et son enceinte actuels à Louis XIV. Pelisson parle ainsi, dans ses lettres, de cette forteresse : « Je ne dois pas oublier que ce jour-là
» même (15 mai 1670) et le jour devant, on avait
» fort disputé sur le Fort-de-Scarpe ou Escarpel. Vau-
» ban était d'avis de le raser ; mais M. le Prince sauva

» la vie à ce pauvre fort , et l'on résolut, au lieu de le
» raser, qu'on le ferait revêtir. »

En 1672, Louis XIV fit achever la construction d'un pentagone régulier et le fit agrandir. Il établit des droits, pour le passage de l'écluse , ainsi que pour son entretien. Avant la Révolution de 1789 , on lisait au-dessus de la porte d'entrée du fort , l'inscription sui-suivante, gravée en lettre d'or, sur une table de marbre :

Ludovicus magnus
Hoc scarpœ ac Duacenœ urbis claustrum
Semotum situ ,
Ipso situs monumento conjunctum
Arcem , a fundamentis ad apicem
Tote biennio perdruxit
M. D. C. LXXII.

Le 16 mars 1644 , D. de Mello avait déclaré que , quoique le Fort-de-Scarpe fut situé en Artois , il n'en était pas moins soumis au commandant de la place de Douai. Cependant cette forteresse était de la paroisse Saint-Albin , qui appartenait au diocèse de Tournai. Depuis le concordat de 1804 le fort est de la paroisse Saint-Jacques.

Lors du siége de 1710 , il y avait dans le Fort-de-Scarpe trois bataillons d'infanterie , six compagnies d'invalides , un détachement de canonniers et de bom-bardiers, à peu près sept cents hommes. Les 26 et 27 août les canons du chemin couvert battirent le Fort-de-Scarpe en brèche. La garnison, réduite à 250 hommes, dut se rendre prisonnière. On laissa aux officiers *leurs équipages et leurs épées, et aux soldats leurs habits et deux charriots couverts.* On trouva dans la place 18 pièces de canon.

Le fort suivit, depuis, le sort de Douai.

Le 18 juin 1794 on y célébra avec un grand éclat la fête de l'Être Suprême.

On y enferma, à diverses époques, des personnages politiques.

Le 28 novembre 1794, quarante-sept ôtages Anversois y furent amenés, par arrêté des représentants du peuple.

Au mois de mai 1795, vingt individus y furent envoyés de Paris par mesure de sûreté générale.

Le 5 novembre 1808, cinq cents Espagnols, que l'on avait désarmés à Hambourg, y vinrent tenir prison.

La seigneurie de l'Escarpelle était mouvante de celle d'Oisy, elle avait appartenu à la maison de Montmorency.

DORIGNIES.

Le hameau de Dorignies dépendait de l'abbaye de Saint-Vaast d'Arras, en 1746 il ne comptait que treize maisons ; cette abbaye possédait un fief appelé la *Verte-Poule*, vers Planques.

Les jésuites avaient, à Dorignies, une maison de campagne et une chapelle domestique.

La collégiale de St-Amé de Douai y avait aussi une chapelle, sous l'invocation de Saint-Michel, peut-être est-ce à cause de cela que la porte d'Ocre s'était primitivement nommée porte Saint-Michel. Le dernier bénéficier de cette chapelle fut M. Gosse, il avait été pourvu de cet office en 1753, et il en jouissait encore en 1790.

Dorignies est arrosé par un cours d'eau nommé la *Noire-Eau* et autrefois le *canal de Raches*, dont les eaux s'écoulent du haut marais de Flers ; il passe sous la Deûle au lieu où était le pont jeté sur ce canal vers le Fort.

Ce hameau a acquis une importance très grande depuis un quart de siècle.

Il possède maintenant un bel et vaste établissement de fonderie et de construction pour les appareils divers, et les machines à vapeur, dirigé par M. Coudroy.

Une grande fabrique de sucre de betterave.

Le charbon y a été découvert , il y a quelques années, et il y est maintenant en pleine exploitation.

Par les dons de Mme la comtesse Duchâtel née Paulée, qui possède de grands biens dans cette localité , une jolie petite église y a été construite en 1858 , et bénie le 13 juillet 1859 ; elle est sous l'invocation de *Notre-Dame de l'Espérance.*

Sur le territoire de Dorignies a été établi, en 1767, le vaste parc nommé Polygone, où se font les exercices pour le tir du canon et tous ceux qui se rattachent à l'instruction pratique de l'artilleur. Le Polygone , primitivement , ne comprenait que 88 rasières d'Artois , c'est-à-dire 37 hectares 75 ares à peu près , il a été beaucoup agrandi. Il s'étend maintenant jusqu'à l'Escrebieux qui le limite à l'ouest.

Le chemin de fer traverse entièrement Dorignies du midi au nord , et la Deûle l'arrose en partie. Depuis les grands travaux de canalisation, on y a construit un très beau bassin , qui peut contenir à l'aise cinquante à soixante bateaux ordinaires et que l'on a nommé le bassin Joinville.

Une charmante guinguette , la *Petite-Ferme ,* sert de lieu de réunion , dans la belle saison , à la jeunesse des classes moyennes de la ville de Douai et des alentours.

FRAIS-MARAIS (LE).

Ce nom indique assez que le terrain de ce hameau faisait partie du vaste marais douaisien qui cernait Douai au nord et à l'est. Il est borné à l'ouest et au nord par le cours de la Scarpe, et par la commune de Waziers à l'est et au midi. La chaussée qui y conduisait autrefois partait de la porte Rieulay ; cette porte se trouvait à l'est de celle Morel, qui n'existait pas encore, traversait ce que l'on nomme le Vieux-Faubourg, longeant Waziers et le territoire de Sin, pour arriver à Raches.

Au côté-ouest de la route actuelle de Lille et sur l'emplacement de la grande blanchisserie, située près de la Scarpe, était, en 1581, la maison de Garbigny, affectée au traitement des lépreux *non bourgeois* et des pestiférés. Cet hôpital s'élevait au bord de la Scarpe, presque en face de l'auberge dite *le Gibet*, au faubourg Morel. L'auberge du *Gibet* avait pris ce nom parce que les fourches patibu!aires de la collégiale de Saint-Amé étaient sur son terrain. Cette maison, par une singularité, faisait partie du village d'Anhiers, et par arrêt de 1672 dépendait pour la juridiction de la gouvernance d'Arras. Avant 1790, ce lieu était exempt d'impôts sur les boissons, aussi était-il fréquemment visité par les fraudeurs qui allaient s'y approvisionner.

On voit au Frais-Marais quelques *villas* fort agréables, celles de MM. Dumont, Leboucq de Castro ; celle *dites* le *Pont de Douai*, le château *Pouf* et le château *Plaisant* ; la belle et considérable verrerie de M. Chapuis, l'usine de M. Leroy jeune pour les produits chimiques.

WAGNONVILLE.

Wagnonville ne fait partie de la commune de Douai que depuis la révolution de 1789 ; précédemment c'était un fief, avec château, mouvant de Lens et conséquemment appartenant à la province d'Artois. Ce hameau avait donné son nom à une branche des seigneurs de Saint-Albin, issus des châtelains de Douai, à l'époque de la décadence de leur maison. Gossuin de Saint-Albin y avait fondé en 1198, une chapelle, à la charge par un chapelain de la Collégiale de Saint-Amé, d'aller célébrer tous les jours une messe à Wagnonville.

Cette terre passa de la maison de Saint-Albin successivement dans celles de Melun, de Willerval, de

Baudain , seigneurs de Mauville , alliée des Montmorency.

Jean de Béthune , baron de Rosny , avait une rente sur le territoire de Wagnonville. On voit que de grands noms se rattachent à l'histoire de cette localité.

Les échevins de Douai et le bailli de Lens , eurent un procès considérable , dans le milieu du XVe siècle , à propos de la haute-justice de ce lieu , pendant l'instruction duquel il fut convenu , qu'il serait établi un bailli par indivis. Depuis , Jean de Melun , seigneur d'Antoing , prévôt de Douai , en prétendit le droit contre les échevins ; il fut arrêté entre eux , par acte du 22 février 1497 , que ledit prévôt jouirait de la seigneurie et justice foncière et que pour le surplus on attendrait le jugement à intervenir. Ce jugement fût que Wagnonville serait de la juridiction de Lens ou de l'Artois , à commencer du 8 octobre des années paires, de celle des échevins de Douai ou Flandre , à commencer à la même date des années impaires. Juridiction bien digne de son temps !

Au commencement du XVIIe siècle , les choses furent changées, par une sentence du grand conseil de Malines du 1er avril 1608, il fut déclaré que Wagnonville dépendait de l'Artois ; mais bientôt après l'état précédent fut rétabli, par une lettre de Letellier, chancelier de France.

Wagnonville avait un château-fort , où l'on mettait

ordinairement garnison Lors du siége , posé devant Douai en 1710 , M. de Rochepierre , capitaine au régiment de Piémont , fut envoyé de cette place avec 80 grenadiers pour prendre poste dans ce château. Le 30, à neuf heures du soir , les alliés en firent l'attaque à l'aide de six canons et de deux mortiers , ils y pratiquèrent une brèche. Le commandant, qui y fût blessé dangereusement et qui avait la plus grande partie de son monde hors de combat , rendit ce poste , après avoir soutenu trois assauts. Il obtint une capitulation honorable à régler sur celle qui serait accordée à la ville. L'imprudence de quelques soldats , descendus dans les caves avec des mèches, causa la perte du château ; les poudres s'étant enflammées , il sauta , ensevelissant sous ses ruines ceux qui le défendaient. Ce fut à la suite de ce malheureux événement que les alliés firent leur premier débouché et ouvrirent la tranchée sur Douai. Les troupes alliées étaient commandées par le prince Eugène et Malbourough ; l'armée française par le maréchal de Villars ; la défense de Douai était confiée au comte d'Albergotty.

Peu de temps après le château fut reconstruit.

En 1744, on craignit un nouveau siége pour Douai. Le maréchal Maurice de Saxe, qui commandait l'armée française, envoya le marquis d'Avaray comme gouverneur à Douai. Le comte d'Estrées fut chargé d'empêcher les troupes étrangères d'approcher de la place. Il s'établit à Wagnonville , ayant son aile droite à Dorignies , vers le Fort-de-Scarpe et sa gauche vers Planques et Cuincy. Ce camp , qui dura deux mois , fit des merveilles ; chaque jour on ramenait à Wagnonville des prisonniers , des bagages et des approvisionnements de toutes sortes.

Au moment de la Révolution , le château de Wagnonville appartenait à une famille de ce nom ; il est aujourd'hui la propriété de M. Foucques , qui porte aussi celui de Wagnonville. C'est une résidence des plus agréables , dont l'Escrebieux , longe le parc à l'ouest , en sortant de Planques.

Avant la révolution, le *Séminaire d'Hénin* de Douai avait un fief en terres assez considérable à Wagnonville , dont la possession datait du commencement du XVIIe siècle.

Dans un dénombrement du 8 octobre 1385, on voit que sur la motte *Julien* ou *Julienne* , tenant au chemin de Flers à Douai et au marais de *le Rié* , dépendance de Wagnonville , se trouvait alors un petit château. Ce manoir changé en ferme, fut depuis rasé.

Sur la rue *du Bos* , qui va de la chaussée de Planques à la motte Julienne , il y avait anciennement de nombreuses habitations qui furent détruites lors du siége de 1710.

Wagnonville et ses alentours, par leurs beaux ombrages forment une des plus attrayantes promenades des environs de Douai.

AUBY.

M. Dubois, sous-intendant militaire en retraite , officier de la Légion-d'Honneur , possède à Auby un château , avec vastes dépendances , qu'il a fait restaurer, en 1853 , avec beaucoup de goût. La façade est en bon style du XVIe siècle , leger , sévère à la fois ; elle est flanquée de tourelles pour escaliers à vis et de tourelles de dôme sur le faite , avec toits aigus. Cette agréable demeure aurait primitivement, selon la tradition , appartenu au sieur Plaisant , trésorier de la ville de Douai , de qui elle aurait été acquise , il y a près d'un siècle, par M. Simon de Maibelle, professeur de la faculté de droit à l'Université de Douai et député à l'Assemblée nationale en 1789 , recteur de l'Université en 1791, aïeul maternel du propriétaire actuel.

BRUNÉMONT.

Le château de Brunémont a été construit dans le XVIIe siècle par la famille Le Baron ; il passa ensuite à celle de Goegnies. Dans cette agréable habitation siégeait en 1788, une *Académie bocagère*, qui prit le titre de *Valmuse* (val des muses). Elle se réunissait dans la belle saison sous de frais ombrages et chacun de ses membres devait, mensuellement, payer son tribut à la corporation par la lecture d'une pièce de vers ; plusieurs de ces pièces ont été livrées à l'impression. Les *Valmusiens*, ainsi s'appelaient-ils, avaient emprunté chacun un nom à l'horticulture, ainsi : le *Houx*, l'*Orme*, l'*Eglantier*, la *Tulipe*, etc.

Lors de la Révolution le château de Brunémont fut acheté par M. Leurs, administrateur du département du Nord. Ses beaux jardins, ses riants bosquets ont souvent inspiré une de nos muses douaisiennes, Mme Adèle Desloges, née Leurs, ravie prématurément aux lettres, à sa famille et à ses amis.

Le château de Brunémont est maintenant la propriété de M. Leclercq, maire de la commune.

CUINCY.

Cette belle et importante propriété est située au village de Cuincy, à un kilomètre et demi environ de la ville de Douai. Ses jardins et dépendances sont d'une grande étendue et dans la plus heureuse position. On l'aperçoit sur la gauche de la chaussée qui conduit de Douai à Lens, avant d'arriver à Planques.

Le château de Cuincy est d'ancienne date, une charte de l'an 1218, mentionne qu'à cette époque, il était occupé par Bauduin, seigneur du lieu. Au commencement du XVIe siècle il appartenait à la famille Blondel ; ces seigneurs avaient le titre de barons de Cuincy.

Le 20 septembre 1563, Antoine Blondel, baron de Cuincy fonda dans ce château une sorte de Puy ou de Société littéraire, sous le nom de *banc poétique du baron de Cuincy*, et l invocation *des neufs sœurs*. Les principales réunions avaient lieu dans la belle saison et les séances académiques, selon le dire du poète douaisien Loys, se tenaient *sous de frais ombrages et dans le voisinage de claires fontaines*. La fête de Ste-Cécile était l'époque des grandes assemblées. L'intérieur du baron Blondel rappelait le charme et l'élégance de ces cours spirituelles d'Italie au milieu desquelles il avait vécu. Ce Puy fut comme un congrès permanent de l'époque, car tous les savants et poètes de nos contrées y affluaient. On a dit, mais sans en produire de preuves, que Blondel de Cuincy descendait de Blondel de Nesles, l'un des plus célèbres troubadours du XIIe siècle, connu par son dévouement à Richard Ier, dit

Cœur-de-Lion, qu'il avait suivi en Palestine, dont il devint le favori et qu'il délivra du château de Lowëinstein où le tenait prisonnier Léopold d'Autriche. On se rappelle la chanson de Sedaine :

O Richard, ô mon Roi !...

Tant chantée, par allusion sympathique pour l'infortuné Louis XVI.

Blondel touchait le luth avec talent et composait des vers et des chants, à la manière des troubadours. Les *Poésies* du baron de Cuincy ont été imprimés à Douai, en 1576 chez Jacques Boscard, sous le titre : d'*Opuscules d'Antoine Blondel, seigneur des Cuincis* (1), formant un volume in-12 de 248 pages. Elle sont pleines de grâce et d'abandon et révèlent une grande facilité et un goût parfait pour l'époque.

Le château et la seigneurie appartenaient, dans le milieu du XVIe siècle, à la famille d'Aoust, originaire de Normandie. Le corps-de-logis a été reconstruit, tel qu'on le voit aujourd'hui, en 1750, par Messire Marie-Jacques-Eustache, marquis d'Aoust ; la tradition dit, *sur le plan en petit du château de Versailles.* Ce personnage fut inhumé, d'après les registres de la paroisse, dans la chapelle des seigneurs, en l'église de Cuincy-Prévôt, quoiqu'il fut décédé au Fosteau en Belgique.

____

(1) Cuincy était autrefois divisé en *Cuincy-Bauduin* et *Cuincy-Prevôt.*

Ce château était , en 1789 , occupé par Eustache-Jean-Marie, marquis d'Aoust, qui fut, à cette époque, député de la noblesse du baillage de Douai, aux Etats généraux. Dès la première séance de cette assemblée , le marquis d'Aoust se plaça dans la minorité de son ordre qui se réunit au tiers état. N'ayant pas été réélu , en 1791 , député à l'Assemblée législative , il fut nommé par les électeurs administrateur du district de Douai. En 1792 , il fut envoyé à la Convention. Exclu de cette assemblée en 1793 en sa qualité de noble , par les Jacobins , d'Aoust revint au château de Cuincy et exerça les fonctions de maire de cette commune. Il mourùt à Douai le 17 février 1805. C'était un homme d'un esprit élévé, aimant l'étude. Il a laissé quelques manuscrits sur l'histoire de la contrée qui attestent de patientes recherches.

Son fils , né au château de Cuincy en 1763 , était en 1793 général de division ayant le commandement en chef de l'armée des Pyrénées-Orientales. Il se distingua dans ce commandement ; mais victime de l'envie et des mauvaises passions, à cause de sa qualité de noble , il fut accusé et traduit devant le tribunal révolutionnaire, présidé par Fouquier-Tainville , condamné à mort et exécuté à Paris le 9 juillet 1794. Il était âgé de 31 ans.

Le château de Cuincy est toujours dans cette famille, il appartient maintenant à M. le marquis d'Aoust et de Jumelle , maire de la commune et membre du conseil général du département du Nord.

On voit dans cette belle et agréable demeure quelques bons tableaux de maîtres estimés.

~~~~~~~

GŒULZIN.

Sur l'emplacement du château actuel , Enguerrand de Gœulzin avait fait construire, dans la XVIIe siècle , une vaste habitation , qui passa successivement , ainsi que la seigneurie du lieu , dans la maison de Lille , branche de Fresnes , ensuite dans celle de Longueval , et plus tard dans celle de Taffin, à qui elle appartenait au moment de la Révolution. Ce château a été entièrement reconstruit et a reçu des embellissements considérables depuis le commencement de ce siècle. Cette belle et vaste propriété est une des résidences d'été les plus agréables des environs de Douai, elle appartient à présent à M. Taffin d'Heursel , de l'ancienne famille parlementaire de ce nom.

~~~~~~~

LA BRAYELLE

Etait un château-fort très-ancien , situé entre Brebières et Equerchin, assis dans une sorte de vallée au-delà du mont de Douai. Les bourgeois de cette ville le détruisirent en 1297. Sur son terrain la famille Roumarchais bâtit plus tard un petit castel ; on y créa un fief ou seigneurie vicomtière. Après diverses vicissitudes , il vint dans la famille douaisienne Honoré du Locron. Le castel fut détruit et remplacé par une ferme, qui existait encore en 1775 , et que l'on démolit quelque temps après. La propriété du terrain resta dans la famille Honoré , qui fit élever , il y a quelques années, un monument funéraire pour un de ses membres, sur l'emplacement de l'ancien château.

LEWARDE.

Le château de Lewarde est situé sur une hauteur , dans une position aussi saine que pittoresque. De très ancienne date il a été possédé par les maisons de Montignies , de Montmorency et de Renesse. Il fut reconstruit dans le siècle dernier , et vint dans la famille de Deforest de Lewarde. Il appartenait lors de la Révolution à l'honorable M. Deforest de Quartdeville, mort pair de France et premier président de la Cour de Douai. C'est de nos jours la propriété de la famille Remy de Rombaut.

<center>~~~~~~</center>

LALLAING.

Le château de Lallaing appartenait à l'illustre famille de ce nom qui y faisait sa résidence habituelle dès le XIIIe siècle. Il était vaste et renfermait dans son enceinte l'église et même une partie du village. Cependant il avait une clôture particulière ; c'était un large fossé, sur lequel était jeté un pont de pierres, avec une porte d'entrée garnie de machicoulis et de herses, selon l'usage du temps.—En 1148, le comte de Hainaut, qui tenait le parti du comte de Flandre , y mit une forte garnison.—Louis XIV le fit occuper plus tard par ses troupes pendant plusieurs années ; mais attaqué à la fois par les Espagnols, les Impériaux et les Hollandais, il ne crut point pouvoir conserver cette position ; et fit sauter le château le 31 mai 1674. Il ne reste maintenant de cette ancienne résidence des valeureux comtes de Lallaing que deux grosses tours en grés qui formaient la porte d'entrée de l'enceinte générale , un beau débris de l'entrée particulière du château et un petit corps-de-logis qui n'offre rien de remarquable. Les restes des vieux édifices et leurs dépendances appartiennent aux princes d'Aremberg , qui par alliance , sont devenus les héritiers des comtes de Lallaing.

Un autre château moderne se trouve à l'ouest de cette commune. C'est une élégante demeure et des plus agréables entre celles de nos contrées. Elle a appartenu à M. Delfosse, entrepreneur-général des lits militaires sous l'Empire et ensuite à son honorable gendre M. le comte de Montozon, mort pair de France, ancien député au Corps législatif. Elle est de nos jours la propriété de M. Davillier , Henri, président de la chambre de commerce de Paris , l'un des gendres de M. de Montozon.

MASNY

Avait un château bâti dans le milieu du moyen-âge

et qui appartenait à une famille illustre de ce nom, dont les membres se distinguèrent, dans la guerre et la diplomatie pendant les hostilités de la France avec l'Angleterre au milieu du XIIIe siècle. Wautier de Masny avait fait fortifier cette demeure en 1337 et y avait fait élever une tour remarquable par ses proportions, que l'on voyait encore debout il y a quelques lustres. Il y tenait une forte garnison.

MONTIGNY.

M. Lambrecht a fait bâtir, depuis quelques années, sur le territoire de Montigny une magnifique demeure d'un style semi-gothique, remarquable par son importance et son élégance. Elle se découvre à gauche et sa vue recrée agréablement prise de la voie ferrée, qui court de Douai à Valenciennes, lorsque l'on quitte la station de Montigny.

RACHES.

Les comtes de Flandre avaient fait bâtir à Raches une forteresse, limitée au sud par le cours de la Scarpe. Ils l'inféodèrent avec la seigneurie du lieu à un gentilhomme nommé Wautier, qui en prit le nom. Ce château et la seigneurie de Raches passèrent plus tard et successivement dans les maisons de Haveskerque , de Rouvroi Saint-Simon et de Bergues.

Le château de Raches était , comme tous ceux du vieux temps, garni de tours et cerné de fossés. Louis XIV le fit sauter le 31 août 1674 , en retirant la garnison qui y était entretenue. Il y avait au château de Raches une salle inhabitée depuis longtemps , et que l'on nommait la chambre du *varlet*. Selon les idées superstitieuses du temps, on assurait qu'elle était visitée toutes les nuits par des êtres surnaturels et la crédulité publique était si profonde , le bruit si généralement répandu de ces apparitions que , pour éviter ce qui était arrivé fort souvent , de grandes perturbations parmi les habitans ou la désertion parmi les soldats , on avait fait mûrer l'entrée de la chambre du *varlet*. Cette prétendue apparition avait une intéressante chronique, que nous avons rapportée dans le tome 1er de nos *Petites Histoires des pays de Flandre et d'Artois*.

17

ROOST-WARENDIN.

Sur le territoire de cette commune se trouve une belle et élégante habitation, le château de *Bernicourt*, qui doit son nom au seigneur qui l'a fait construire dans le siècle dernier. Après M. de Bernicourt, qui était de la famille douaisienne Ruyant de Cambronne, cette demeure a été la propriété de M. de Wavrechin fils, colonel de la garde nationale, mort d'une manière si tragique ; elle est aujourd'hui celle de son gendre, M. de Châtenay, maire de la commune de Roost. Devant elle s'ouvre une magnifique avenue d'une grande étendue. La belle façade de ce château s'aperçoit, sur la gauche de la grande route de Douai à Lille, qui en est distante de près de deux kilomètres.

Au sud de cette agréable résidence se trouvait jadis un château-fort, dit de Belleforière Il existait déjà en 1302, car après la célèbre bataille de Courtray, Jean de Namur, qui commandait les troupes de Flandre, s'étant emparé des villes de Douai et de Lille, y eût quelque temps son quartier-général.

Le maréchal de Villars, pendant le siége de Douai en 1712 y eut aussi le sein. Le prince Eugène en avait résolu l'attaque, mais la bonne contenance dn vainqueur de Denain le fit renoncer à ce projet.

Le château de Belleforière a longtemps appartenu à une famille distinguée de ce nom , aujourd'hui éteinte. Cette terre avait été érigée en comté, au mois d'avril 1633 , en faveur de Maximilien de Belleforière , marquis de Soyecourt, comte de Tilloloy , grand veneur de France. Le cri de cette maison était *Bernemicourt,* dont par corruption on a fait *Bernicourt.*

Ce n'est plus aujourd'hui qu'une jolie petite ferme près du bois en défriche de Belleforière.

ROUCOURT.

Avait autrefois un château-fort qui soutint plusieurs siéges et entre autres un considérable en 1150. Celui-ci fut la cause d'un combat entre Thierry , comte de Flandre et Bauduin IV , comte de Hainaut , dont les historiens contemporains ont parlé avec beaucoup de détails (1).

A la suite de ce combat, le comte de Flandre, s'étant emparé du château de Roucourt en fit raser toutes les fortifications, l'année suivante.

(1) Voir *Petites Histoires de Flandre et d'Artois,* t. I.

Sur l'emplacement de cette forteresse se trouve un château moderne, d'une élégante construction ; il a été longtemps habité par l'honorable M. Becquet de Mégille, ancien maire, ancien sous-préfet de Douai, de respectable mémoire. Il est aujourd'hui la propriété de son fils, M. Oscar Becquet, maire de la commune de Roucourt.

NOTES SUPPLÉMENTAIRES.

Bloc (rue du Bloc). Sur l'emplacement de l'école des frères, une filature de coton fût établie après la tannerie. (Page 24).

Charte (rue de la). La rue du Musée se nommait primitivement rue Paillerelle, parce que ses murs étaient en paille (torchis); elle eut ensuite le nom de rue des *Vitelots* (1). Cette rue forme un angle droit; elle va de la rue de la Charte à celle des Ecoles. (Page 44).

Canteleu (rue du). A l'angle-est de la rue du Canteleu et de celle des Trinitaires, Jean Dablaing, bourgeois de Douai, avait fondé, en 1635, un petit hôpital *pour des pauvres femmes vefves honnêtes ou bien anchiennes filles bien famées nestant chargez d'aucune mauvaise note...* Cette maison fut supprimée en 1752, lors de la construction de l'Hôpital-Général. (Page 28).

Equerchin (rue d'). Nous réparons une omission à propos de cette rue.

Le n° 54, côté-nord, est occupé par M.

---

(1) Morceaux de pâte, en forme de cornichons que l'on faisait rissoler dans le lait.

Leroy (Emmanuel), qui longtemps a tenu au barreau de Douai un rang très distingué. M. Leroy a été membre du Conseil général du département du Nord et président de la commission administrative de dessèchement de la vallée de la Scarpe.

La belle demeure n° 66 est celle de M. Mallet, professeur à l'école d'artillerie de Douai. M. Mallet est auteur de plusieurs travaux considérables sur les fortifications et sur l'art de défendre les places de guerre ; ces travaux lui ont mérité les insignes de plusieurs ordres étrangers et la décoration de la Légion-d'Honneur.

Celle n° 68, remarquable aussi par l'élégance de sa construction, est occupée par M. Meurant, architecte de la ville. C'est à M. Meurant que l'on doit les plans de tous les importants travaux publics qui se sont exécutés à Douai depuis dix ans ; c'est lui qui a présidé à leur exécution : l'Hôtel-de-Ville , — le Lycée , — l'Hôtel Académique , — la belle promenade St-Jacques , — le Musée , — l'entrepôt général, etc.

FERRONNIERS (rue des). Sur l'emplacement du bureau de la poste aux lettres, avant la construction de l'hôtellerie de la *Grosse-Tête*, en 1635, une ruelle s'ouvrait allant de la rue des Ferronniers au Fort-de-Kell. (Page 79).

GRANDE-PLACE. Le *Banibau* avait 82 pieds de hauteur, non compris son couronnement. (Page 127).

PLACE DE LA PRAIRIE. La brasserie de M. Butruille était exploitée , en 1790, par M. Wion , l'aïeul maternel de M. Choque, député, aujourd'hui

Maire de Douai. La famille Wion est très ancienne à Douai. En 1556, Amé Wion y remplissait l'office de procureur-général de l'échevinage. Arnould Wion, né à Douai en 1564, fils du précédent, fût moine à la célèbre congrégation du Mont-Cassin ; il est auteur de plusieurs écrits mentionnés dans la *Bibliographie Douaisienne*. En 1619, un autre Arnould Wion, exerçait avec distinction, à Douai, la profession d'imprimeur. (Page 135).

ST-MICHEL (rue). Le cabaret du *Petit-Polygone* était, en 1711, une auberge sous l'enseigne du *Percot*, (la perche). Au front de cette demeure est encore sculptée une perche avec le chiffre 1711. (Page 183).

ST-SULPICE (rue). En 1639, les échevins, contrairement à la volonté des abbé et religieux d'Anchin, avaient établi, au prieuré St-Sulpice un hôpital royal qui eut peu de durée. (Page 184).

ST-ALBIN (rue). Avant 1790, le jour des Rameaux les habitants de la rue St-Albin allaient en procession faire bénir des rameaux à l'église Notre-Dame. Précédemment et jusqu'en 1750, on portait à baudet, dans cette cérémonie, une représentation du Christ. Cette fête se nommait le *bon Dieu à bodé !*

Le lendemain de la Trinité, il y avait, dans cette rue, une autre fête, celle de *Saint Loza,* en l'*honneur* des paresseux, des fainéants, des fileuses, qu'on promenait couronnés de bluets, de pavots et de verdure.

Les paroissiens de St-Albin se nommaient les Wiots de St-Albin.

WIOT, mari dont la femme est infidèle. On

disait, selon Hécart, les *Wiots d'Tournay*. Ce nom était en usage dans la Picardie, d'après le proverbe patois picard.

« I vaut mieux êtes Wiot qu'avule, on vot ses confrères. »

Dans une requête du 29 novembre 1664, citée par Roquefort, on lit : « Rentre dans ta » maison, sur le temps que tu es là, ta » femme est allée voir les moisnes de Saint- » Jean, et lorsqu'elle reviendra, tu auras du » patin, garchon, tu as dérobé le Saint-Sacre- » ment de mariage, *Wiot*, cornard ! »

On se servait de ce mot à Lille. (Page 171).

Scarpe (cours de la). Le magasin au fourrage, pour *le service du roi*, existait déjà en 1709. Il fut brûlé une première fois pendant le siége de Douai de 1710. (Page 199).

Trinitaires (rue des). Dans l'hôtel de M. Franqueville de Bourlon est né, le 4 juillet 1758, l'infortuné Charles de Franqueville d'Abancourt, neveu du contrôleur général de Calonne, ministre de la guerre sous Louis XVI ; il fut massacré à Versailles le 9 novembre 1794. Cet hôtel était occupé par son père, procureur général au Parlement en 1758.

Nous avons dit, d'après le laborieux M. Plouvain, que la rue des Cotteries s'était nommée rue des *Escos* et de l'*Escoterie* ; mais nous n'avons depuis rencontré aucun document qui put confirmer cette assertion.

Avant l'établissement du couvent des Brigittines, rue Saint-Jean, en 1646, le côté-nord de la rue des Cotteries, maintenant borné par une longue muraille qui clôture les jar-

dins du collége de Saint-Jean, était garni de
maisons d'ouvriers et de gens du peuple, ainsi
l'était le côté-sud. Alors le matin, le soir et
même fort avant dans la nuit, les femmes, les
filles, les enfants étaient incessamment assis
au seuil de leurs demeures, causant, *devisant*. Cette habitude de caqueter publiquement et qui a eu une longue durée a sans
doute donné lieu à la dénomination de cette
rue. Les femmes de la rue des Cotteries étaient
nommées les *Huisseuses* du mot *huis* (porte),
ce qui signifiait les habituées de la porte.

TABLE.

LISTE DES SOUSCRIPTEURS.

Exemplaires.

MM. Asselin, adjoint au maire de Douai.	1
Antoine, chef de bataillon du génie, à Douai.	1
Bailliencourt (de), notaire à Douai.	1
Id. O. id.	1
Id. Ch. id.	1
Becquet de Mégille, propriétaire à Douai.	1
Balthazar (veuve), propriétaire à Douai.	1
Bommart (Anacharsis), propriétaire à Douai.	1
Boutet, ancien notaire à Douai.	1
Béharelle, propriétaire à Douai.	1
Boutique, avoué, à Douai.	1
Broutin, commis-greffier, à Douai.	1
Butruille, brasseur à Douai.	1
Butruille (veuve), propriétaire à Douai.	1
Chataux (de), receveur particulier, à Douai.	1
Chevalier, propriétaire à Douai.	1
Choque, député et maire de Douai.	1
Cliquet, brasseur à Douai.	1
Collége anglais, à Douai.	1
Copineau, propriétaire à Douai.	1
Coppin-Lejeune, négociant à Douai.	1
Corne, ancien procureur-général, à Douai.	1
Courtecuisse, propriétaire à Douai.	1
Cotteau, conseiller, à Douai.	1
Danel, président, à Douai.	1
Dancoisne, notaire à Hénin-Liétard.	1

Exemplaires.

MM. Deligne, propriétaire à Carvin. 1

Delbarre, marchand tailleur à Douai. 1

Defaulx, propriétaire à Douai. 1

Desmarets (Ernest), à Douai, 1

Déprès, juge-de-paix à Douai. 1

Delaby, propriétaire à Douai. 1

Demezières, fabricant à Douai. 1

Demont, notaire à Douai. 1

Desjardins, doyen de la faculté des Lettres, à Douai. 1

Desuède-Demont, propriétaire à Douai, 1

Destombe, curé à Flers. 1

Dumont, propriétaire à Douai. 1

Dumont-Lambert, propriétaire à Douai. 1

Dubreucque, brasseur à Douai. 1

Duburque, entrepreneur à Douai. 1

Duchambge (baron de Liessart), propriétaire à Douai. 1

Dubois (d'Auby), propriétaire à Douai. 1

Dubrulle, propriétaire à Douai. 1

Duhem, docteur-médecin à Douai. 1

Dutilleul (Albert), propriétaire à Douai. 1

Dubrulle, conseiller honoraire à Douai. 1

Dufour, à Douai. 1

Dupont, avocat à Douai. 1

Durutte (le comte), à Ypres. 1

Druelle (A.), à Douai. 1

Esclaibes (le comte d'), avocat à Douai. 1

Farez, conseiller à Douai. 1

Faure, instituteur à Douai. 1

Flamant, avocat à Douai. 1

Flamen (Armand) avocat, à Douai. 1

Fleurquin, propriétaire à Douai. 1

Fleury, proviseur à Douai. 1

Fiévet, conseiller à Douai. 1

Exemplaires.

MM. Foucart, libraire à Douai. 12
Fry, directeur de l'école primaire à Douai. 1
Gillet-Laurent, négociant à Douai. 1
Gilliart, propriétaire à Bouchain. 1
Guille, propriétaire à Douai. 1
Guillemin, recteur, à Douai. 1
Guerne (le comte de), conseiller, à Douai. 1
Guilmot-Martin , ancien receveur particu-
    lier, à Douai. 1
Hattu, avocat à Douai. 1
Hendecourt (d'), propriétaire à Douai 1
Héricourt (le comte d'), à Arras. 1
Honoré, avocat, ancien maire de Douai. 1
Lagrange (baron de), propriétaire à Douai. 3
Lagarde, conseiller à Douai. 1
Lagrange (baronne de), propriétaire à Douai. 1
Laignez, docteur en médecine à Douai. 1
Lecerf, chapelier à Douai. 1
Legrain, pharmacien à Douai. 1
Lefebvre, doyen-curé à Douai. 1
Legentil-Lorain, propriétaire à Douai. 1
Lefrançois, propriétaire à Douai. 1
Lemâle, libraire à Douai. 2
Lepreux, secrétaire de la mairie à Douai. 1
Lequien, docteur en médecine à Douai. 1
Leroy Sigismond), propriétaire à Douai. 1
Leroy (Emile), ancien maire à Douai. 1
Losserand, propriétaire à Douai. 1
Maurice, ancien maire à Douai. 1
Maurice (Léon), propriétaire à Douai. 1
Madoux, libraire à Douai. 1
Magnant, commissaire-priseur à Douai. 1
Mention (Mme), propriétaire à Douai. 3
Mille-Corbitt, négociant à Douai. 1
Le ministre de l'instruction publique à Paris. 20

Exemplaires.

MM. Paix, négociant à Douai. 1

Pinquet, ancien adjoint à Douai. 1

Pinquet, cultivateur à Roost-Warendin. 1

Planckaert (Charles), négociant à Douai. 1

Potel, propriétaire à Douai. 1

Potiez (Valéry), propriétaire à Douai. 1

Proyart, notaire à Douai. 1

Pruvost, propriétaire à Douai. 1

Remy de Campeau (Ed.), propriétaire à Douai. 1

Remy de Rombault, propriétaire à Douai. 1

Robaut (Félix), propriétaire à Douai. 1

Robaut, à Douai. 1

Rossignol, président, à Douai. 1

Saudo-Facon, propriétaire à Douai. 1

Semet, entrepreneur du gaz à Douai. 1

Tailliar, conseiller à Douai. 1

Talon, avocat à Douai. 1

Tesse, docteur en médecine à Douai. 1

Théry, juge-de-paix à Douai. 1

Ternas (Mme de), propriétaire à Douai. 1

Ternas (Amédée de), propriétaire à Douai. 1

Tréca-Leleu, propriétaire à Douai. 1

Trinquet, notaire à Douai. 1

Vagnair, 1er clerc de notaire à Douai. 1

Vasse, professeur à Douai. 1

Vatelle, docteur en médecine à Douai. 1

Waché, notaire à Douai. 1

Warenghien (le baron), conseiller à Douai. 1

Wastelier du Parc, propriétaire à Douai. 1

Waterneau, propriétaire à Douai. 1

Ve ADAM, imprimeur à Douai.